Gustavo Camanas González

Vence TU realidad

Gustavo Camañas, autor de *Vence tu realidad* y

Despertando tu alma.

VENCE
TU
REALIDAD

VENCE
TU
REALIDAD

**ANTES QUE TU REALIDAD TE VENZA
A TÍ, DESCUBRE LOS SECRETOS Y
LEYES METAFÍSICAS QUE CAMBIARÁN
TU MUNDO INTERIOR
Atentamente, TU REALIDAD**

Gustavo Camañas Gonzalez

Título: *VENCE TU REALIDAD*
© 2022, Gustavo Camañas González

De la maquetación: 2022, Romeo Ediciones
Del diseño de la cubierta: 2022, Romeo Ediciones

Primera edición: junio de 2022

Impreso en España

ISBN-13: 978-84-09-47028-0

AGRADECIMIENTOS

Primero, quiero agradecerte a TI, estimado lector, por confiar en mí y depositar tu confianza en este manual de vida, fruto de mi experiencia y sabiduría.

Quiero agradecer a mis mentores que tanto me han enseñado durante muchos años, me han permitido evolucionar y poner en práctica todos los conocimientos que hoy quiero transmitirte a ti.

Destaco a:

➢ Jurgen Klarick

➢ Tony Robbins

➢ Lain García Calvo

Quiero agradecer a mi madre y a mi hermano Jorge por todo lo que hicieron por mí desde que estamos en esta vida juntos.

A mi madre, por darme la vida y sacrificar su vida para que mi hermano y yo saliéramos adelante.

A mi hermano Jorge, por ser una persona tan excepcional y que siempre me ha ayudado ante cualquier eventualidad.

Igualmente, quiero agradecer a mi padre, que en paz descanse, todos los éxitos profesionales y personales que tengo porque si no hubiera sido por su esfuerzo no podría haberlos logrado.

Quiero agradecer a mis hijas Carlota y Daniela, por darme la fuerza diaria para salir adelante y por todo el amor que me dan día a día sabiendo que cuando me abrazan lo hacen con verdadera pasión y gratitud.

Quiero agradecer al Universo y a mis maestros espirituales por permitirme escribir este libro y muchos más con el fin de poder ayudar a vencer la realidad de los lectores.

También, agradezco a Stephannie, Laura y Cindy de la editorial *Romeo Ediciones* por su paciencia, gran profesionalismo y por ser las personas que han podido hacer realidad mi sueño de transformar mis manuscritos en dos obras con tan buena calidad.

Igualmente, a Luz de la empresa *webparaescritores. com* que con pasión y dedicación ha creado mi página web para ti, estimado lector.

Aprovecho este espacio para contar que en una de mis canalizaciones realizadas por la profesional Lida Isabel Giraldo apareció un mensaje claro de mis maestros espirituales y era que debía dejar reflejada la frase "En el nombre del Padre" en la portada de mis libros, aunque con honestidad, por respeto a las personas católicas NO debo hacerlo, pero explico esto para que al menos conozcas esta anécdota y su valor tan alto…

Gracias, gracias, gracias a todos por ayudarme, ahora me toca a mí hacerlo. DAS Y RECIBIRÁS, nunca se nos olvide.

ANTES DE EMPEZAR

MANEJO DE ESTE
MANUAL DE VIDA

Un manual de vida muy especial hecho para ti

Estimado lector, no quiero que pienses que estás leyendo un libro (conjunto de páginas encuadernadas) sino **un manual de vida**, un conjunto de páginas creadas para ayudarte en tu vida a entender tu verdadera realidad venciéndola y saliendo del trance hipnótico en el que vivimos.

Este MANUAL DE VIDA es muy especial porque está creado para ti, fue escrito en un plazo de doce meses, sin prisas, sin agobios y siempre bajo la vibración de la felicidad con un único objetivo: AYUDARTE.

Cuando lo leas estoy completamente seguro que la vibración con la que lo he creado es tan poderosa que te envolverá en toda la lectura y te dará sensaciones muy positivas.

No es un manual de vida con ideología religiosa

Un detalle a dejar claro es que este manual no sigue ninguna ideología religiosa, tan solo se rige bajo las leyes universales que fueron escritas 3000 a. C., y que el propio Jesucristo estudió, pero si te pido que absorbas toda la información con una mente más abierta.

Te aviso que necesitarás releer cada capítulo varias veces hasta que lo domines y lo llegues a entender porque tu parte analítica (tu realidad) intentará sabotear tu proceso de aprendizaje.

Estúdialo muchas veces y escribe sobre él

Este libro es un manual de trabajo y necesito que escribas en sus páginas y subrayes todo lo que te interese. En la última página te dejo un espacio llamado "sección de notas" en el que debes apuntar cualquier idea o mensaje que captes como necesario para tu **aprendizaje.**

Continúa tu aprendizaje con el manual de vida 2, *Despertando tu alma*

Este manual de vida 1, en realidad, pertenecía a un único manual que se llamaba **Vence tu realidad despertando tu alma,** pero la extensión entre los dos era de casi ochocientas páginas, con un contenido muy extenso y por asesoramiento profesional me indicaron la necesidad de dividirlo en dos tomos.

Si no has adquirido el segundo manual, tranquilo, coge confianza con el primero y luego decides, pero debo avisarte que el contenido completo siempre lo alcanzarás **con el manual 1+2** porque con el segundo **(Despertando tu alma)** comprenderás los motivos por los que has venido a esta vida, tu contrato prealmático, la reencarnación, la vida después de la muerte y sobre todo cómo puedes despertar a tu alma y convertirte en un despertador para los demás.

¿Te has preguntado por qué estás en esta vida? ¿Te has preguntado alguna vez el motivo por el que estás viviendo en la Tierra? ¿Crees que es por el azar?

¿Estás cansado de pertenecer a una sociedad que vive en un piloto automático o trance hipnótico sin despertar a su verdadera misión que tienen que cumplir por contrato almático en esta vida?

Tu alma, ¿es un alma vieja, un alma joven? ¿Por qué las almas viejas tenemos tanta dificultad en el amor?

¿Sabías que todos tenemos un plan almático que contratamos en nuestra decisión de vida antes de reencarnar en la Tierra? Las personas que están en tu vida pueden estar pactadas prenatalmente para un proceso de evolución conjunto.

¿Sientes que eres diferente y tienes una sabiduría maestra que no sabes de dónde ha salido?, seguramente seas un alma maestra que viene a esta vida como parte de su crecimiento almático basado en el aprendizaje de diversas experiencias.

Despertando tu alma te permitirá entender todo lo que relaciona tu alma con la vida que estás viviendo y te permitirá despertar el alma de los demás para que como tú evolucionen y puedan ayudar a despertar a los demás convirtiéndote en un verdadero despertador almático.

Una vez despiertes, vibrarás en una vibración tan poderosa que atraerás toda la abundancia y felicidad a tu vida y a la de los demás.

Un manual con música y enlaces QR

Quiero, estimado lector, que este manual te sumerja de lleno en una experiencia diferente para ti. En medio de una visualización creativa percibí la instrucción de apoyar el contenido con enlaces QR a músicas específicas que acompañen al texto al igual que encontrarás igualmente enlaces QR a diversos vídeos de YouTube con el contenido relacionado.

Me baso en sensaciones y mensajes canalizados de este tipo, cuando siento que debo ponerte una música es que así debe ser. Míralo y siéntelo como un mensaje DIVINO para ti.

ME PRESENTO

Permíteme que me presente.

Vamos a pasar mucho tiempo juntos y te considero un amigo porque has confiado en mí sin conocerme de nada, por lo que lo mínimo que debo hacer es contarte parte de mi vida.

Me llamo **Gustavo Camañas González,** nací en Madrid el 31 de agosto de 1978.

Tengo dos hijas preciosas, Daniela y Carlota, estoy separado y considero a mi exmujer como la mejor madre del mundo (debo ser de los pocos afortunados que se llevan bien con su ex).

Estudié la carrera de Odontología y me especialicé en estética y periodoncia dental. Ejercí la profesión odontológica durante varios años de mi vida, siendo contratado en un puesto de alta dirección ejecutiva en una multinacional líder del sector.

A día de hoy puedo determinar que soy una persona muy reconocida en el sector médico-dental puesto que he publicado varios artículos científicos, impartido congresos y también, he colaborado en programas de TV, radio, etc.

Durante esos años de mi vida siempre sentía que de alguna manera u otra debía ayudar a las personas y aprovechaba cualquier tipo de reunión para hablar de temas relacionados con lo que te expongo en este libro.

Esta actuación generó en mí tanta inquietud que decidí estudiar todo lo relacionado con la neurociencia, psicología de la comunicación y todo lo concerniente a la mente humana.

Mi éxito en estos temas surtió efecto cuando empecé a formar a los equipos en técnicas de empatía con los pacientes llegando a impartir más de 700 formaciones basadas en la preparación que tuve durante esa larga época de mi vida.

En estos últimos años, mi vida sufrió un cambio repentino de trayectoria tras darme cuenta de que era feliz ayudando a los demás a vencer su realidad y a ser conscientes de la verdadera realidad de la vida.

Durante el confinamiento por la pandemia del 2020 de la Covid-19, estudié todos los libros que pude relacionados con el crecimiento personal hasta que por el "azar" encontré a Lain García Calvo, autor de la saga *La voz de tu alma,* quien encendió en mí la necesidad de estudiar más y más, y una vez estuve preparado poner en práctica todo lo aprendido con éxito.

En ese momento, tras leer cientos de libros y prepararme de manera muy intensa, decidí lanzarme a escribir un primer manual de vida que luego han sido dos, y que es el que tienes en tu mano (manual de vida 1) y espero que también el manual 2 (*Despertando tu alma*).

Toda mi vida he sido muy diferente, desde que era muy pequeño siempre he sentido que esto no puede ser del todo real o más bien no entendía la realidad en la que vivimos (espero que te sientas identificado) …

Siempre me han interesado los conceptos "diferentes" y siempre he querido entender si la realidad en la que vivimos es nuestra o quizás es una realidad manipulada por una sociedad que nos inculca y programa desde pequeños toda nuestra vida…

En mi vida han existido muchos episodios de no "entender", pero gracias a ello cada vez me planteaba más la necesidad de crecer y aprender el motivo por el que estamos en esta vida y sobre todo bajo las creencias que siempre he tenido desde que era muy pequeño.

Yo no era un niño normal, era un niño diferente que creció odiando las injusticias, injusticias que parecían desear juntarse todas conmigo, pero aprendí un refrán "los obstáculos que te encuentras en tu vida son las piedras de tu camino, con las que construirás tu fortaleza interior", o las saltas o las utilizas para evolucionar.

Dicen que tienes que tener un punto de quiebre en tu vida (caer lo más bajo) para cambiar, despertar y crecer de manera ascendente en todos los planos de la vida. Así fue, gracias a mi punto de quiebre puedo hoy estar escribiendo este magnífico manual de vida.

En *Vence tu realidad* se toman contenidos de cientos de escritores de todos los tiempos así como de las leyes universales creadas por Hermes Trimegisto, tres mil años antes de Cristo, además de mis propias experiencias personales que me han permitido cambiar a mí y te van a permitir despertar a ti.

Espero, por último, que *Vence tu realidad* te permita, como lo hizo conmigo, manejar primero las leyes universales que te van a generar abundancia en amor, salud y dinero, y que aumentarán tu vibración a niveles estratosféricos...

Una vez estés feliz, vibrarás tan alto como para hacer que tu alma tenga la luz suficiente para despertar de este trance hipnótico, por eso necesito que leas el tomo 2 del manual de vida (*Despertando tu alma*) porque allí se refleja claramente todo el proceso.

Una vez despiertes, serás tan feliz, que solo atraerás, por ley de atracción, vibraciones positivas (vibraciones similares vibran juntas) y te rodearás de gente buena que necesita, según en el plano en el que estén, despertar y evolucionar.

Ahora ponte los cascos y escucha esta fantástica música mientras lees con atención lo que viene para ti.

Explicación DIVINA del título VENCE TU REALIDAD

Era un día del mes de julio del 2021, recuerdo que una vez me propuse escribir este manual de vida, pensé "*ok*, para escribir un buen manual, necesitaré un buen bolígrafo", y decidí ir a un centro comercial a comprarme un bolígrafo de buena marca y calidad.

Cuando regresé a casa tras mi exitosa compra procedo a abrir la caja con mi flamante bolígrafo de marca, cargo el cartucho de tinta y voy a probarlo cuando de repente sucede lo que para mí fue el episodio más llamativo y claro de una canalización en toda regla. Lo que sucedió en ese instante, está en la fotografía que verás a continuación y debes creerme porque así fue.

En el momento en el que me decidí a realizar el primer trazo con mi flamante bolígrafo, recuerdo que la única hoja de papel que tenía a mano era la de un manual de instrucciones de una impresora que compré días antes. De esta forma ya tenía mi nuevo bolígrafo y mi hoja de prueba.

Entonces, recuerdo que cuando situé el bolígrafo sobre la hoja pensé en mi interior cómo podría llamar a libro, y lo que sucedió a continuación me dejó sin palabras:

Entré de manera automática en un estado de "trance" como si literalmente desapareciera del plano físico durante diez segundos aproximadamente y cuando vuelvo a la realidad veo que mi bolígrafo había escrito en el papel tres frases, siendo la última bajo subrayado la que reflejaría el título de mi libro *Vence a la realidad.*

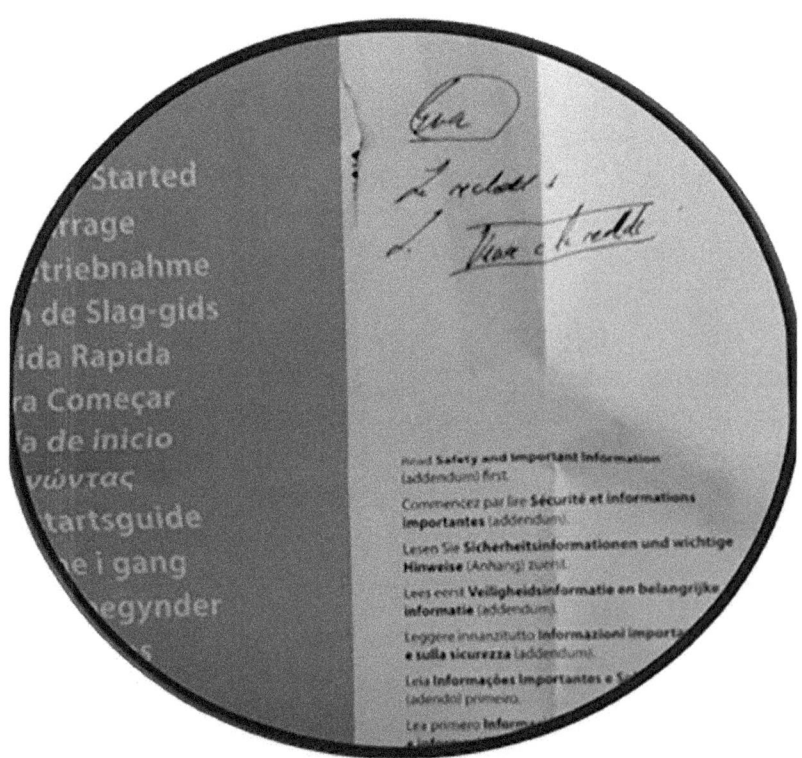

En esta fotografía te dejo la prueba evidente de lo que te explico, verás que son las instrucciones de la impresora que también compré días atrás, y verás los trazados de mis letras susurrando el título de este manual de vida.

En la fotografía se aprecia realmente un primer trazo (el primero) que era para "cargar la tinta" y probar, un segundo trazo "la realidad" y finalmente un tercero subrayado *Vence a la realidad*. Los tres trazos se escribieron en un estado de NO CONSCIENCIA por mi parte.

Estimado amigo, puedes creerme o no, pero si confías en mí te aseguro que así sucede mi escena. Lo que sucedió realmente no tiene un significado lógico para un sanitario como yo, pero sí para un alma despierta que comprende que suceden "causalidades" que te orientan para poder elaborar tu plan de acción universal con un gran éxito.

Dios, la Fuente, mis guías espirituales o no sé quiénes conectaron a través de mi alma, desconectando la parte racional (mente) y generando en mi interior un título de un manual que sé con toda seguridad será un antes y un después en la gente que lo lea.

Muchas veces he leído sobre las canalizaciones, pero, aunque es cierto que siempre desde pequeño he transmitido mensajes a mis amigos en formas que luego no recuerdo muy bien, esta ocasión ha sido muy diferente a lo habitual en mí.

Una canalización es el acto de recibir el mensaje de un ser de luz de vibración elevada y plasmarlo en materia…El mensaje puede recibirse durante un sueño, una meditación o una sesión en la que se invoca la presencia de un guía…

Bien es cierto que yo no invoqué (en boca) a mis seres espirituales, pero en realidad de manera subconsciente sí lo hice al formular la pregunta segundos antes: ¿Cómo se puede llamar mi manual?

CAPÍTULO UNO

TU REALIDAD: ¿ES LA VERDADERA REALIDAD O UNA ILUSIÓN?

La verdad de la vida

"La verdad os hará libres", me imagino que ya has escuchado esta frase del maestro más importante de la historia de la humanidad, JESÚS DE NAZARET.

La verdad de la vida no tiene una definición. No existe una definición verdadera de la verdad. Para Aristóteles la verdad se definía como "aquello que es y aquello que no es". Hasta aquí un poco complicado, pero en palabras más sencillas Aristóteles pensaba que la verdad se basa en el conocimiento y en el alma, una relación o puente entre la metafísica y la lógica.

La realidad, y para mí esa es la verdad, es que para cada uno la verdad es suya, inmutable y antagónica a la mentira. Cuando dos personas discuten defienden lo que para cada uno de ellos es su verdad que difiere de la de un tercero posiblemente.

¿Qué pasaría si te dijera que la persona que crees que eres en **realidad no lo eres**, pero inconscientemente te sientes identificado con ella?

Es así como a nivel inconsciente tu mente pasa a controlar tu personaje, cuyas características se van creando de acuerdo al mundo que te rodea.

Para salir de esta ilusión mental primero que todo (ya veremos después cómo hacerlo) debes cuestionarte los grandes misterios de la existencia: ¿Quién soy yo? ¿Para qué he venido a este mundo? ¿Cuál es el objetivo de esta vida? Es necesario que te hagas estas preguntas, porque al comprenderlas automáticamente vas a reconocer lo divino y lo eterno que eres.

Está más que demostrado que a nivel inconsciente tu mente pasa a controlar tu personaje en piloto automático en el 95% del día con base en un programa mental predefinido o "programa de vuelo".

Tu realidad es solo tuya

¿Qué es la realidad?

El concepto realidad procede del latín "realitas" y hace alusión a lo que efectivamente existe, es decir, a lo real.

La realidad es todo lo que no forma parte de la imaginación o de la fantasía y que tiene la propiedad de existir porque puede ser percibido por alguno de los sentidos o por la razón. En realidad, se trata de un concepto abstracto, y determinar qué es real y qué no lo es ha sido motivo de análisis y debate durante toda la historia de la humanidad.

Lo que es evidente es que los cinco sentidos nos hacen pensar que esa es nuestra realidad, la que se capta por los sentidos, pero ¿qué sucede con la "otra realidad" que no vemos?

Las bacterias, los virus, las ondas electromagnéticas, las frecuencias vibratorias, las ondas de radio... Allí afuera el escenario es muy diferente lleno de variedades infinitas de colores, formas, dimensiones y hasta sonidos que nunca tus oídos estarán preparados para escuchar.

Por favor, amigo/ a, **piensa que solo ves el 5% de tu realidad**, el resto no lo puedes ver, ni escuchar, pero existe.

Los físicos afirman que el 70% es energía oscura, el 25% materia oscura y el 5% materia visible, es decir, lo que tú y yo vemos. Si por ejemplo nos pusiéramos unas gafas especiales para ver todo el espectro electromagnético y nos asomáramos a nuestra ventana de casa para contemplar el paisaje que es el que crees que es real, nos sorprenderíamos porque el escenario cambia, siendo casi irreconocible.

Podrías ver todas las longitudes de onda posibles, con colores y tonalidades infrarrojas, ultravioleta.

Tú piensa algo, la realidad que ve un camaleón no es la misma que ves tú a través de los ojos…, o una serpiente no ve lo mismo que ves tú, y honestamente, para ellos, esa es la realidad, ¿sabes por qué?, porque no conocen otra.

Lo que la ciencia de nuevo ha demostrado es que en realidad los colores que tú ves tampoco existen, es una percepción mental a las longitudes de onda; un ejemplo es una persona daltónica, su interpretación mental del color de una amapola es diferente a la tuya, ¿verdad?, ¿cuál es la real?

Si fuéramos seres que procesáramos en estado puro todas las cosas del mundo, veríamos que solo hay luz, partículas de energía condensada que es lo que percibimos como materia y campos cuánticos. Un ser humano es energía condensada lleno de moléculas, átomos y campos cuánticos. Si nuestro cuerpo pudiera captar los sonidos en todas la frecuencias posibles literalmente nos volveríamos locos y no soportaríamos la verdadera realidad.

La pregunta que te hago, querido amigo/a, es si verdaderamente tú crees que la realidad que tú vives es la verdadera realidad, o es una realidad propia solo para ti, o incluso, es una realidad falsa, puesto que no es la verdadera realidad.

Si hacemos uso del título de este manual **Vence tu realidad** nos daremos cuenta que muy real no debe ser tu realidad, si la tenemos que vencer para alcanzar el objetivo divino por el que vienes a esta vida.

A lo largo de este manual y en capítulos posteriores hablaremos de la tecnología espiritual que los grandes maestros del pasado han utilizado y que solo el 3% de la sociedad conoce.

En el proceso del despertar, tendrás que realizar multitud de acciones que ya te explicaré para primero cambiar tu realidad en el plano metafísico-cuántico y así como es arriba es abajo, tu reflejo será modificado a tu nueva realidad.

Un tema muy importante es que TU realidad no es la misma que la de los demás. Si hemos comentado que el 95% de tu vida con el piloto automático en base a las rutas de "vuelo" programadas en tu subconsciente, estas rutas de vuelo no son las mismas para todos.

En breve comprenderás todo lo que te estoy explicando, pero quiero que aprendas esta afirmación:

"Tus creencias forman tu realidad"

Toda tu realidad está generada por ese conjunto de ideas que se almacenan en tu subconsciente, es lo que denominamos creencias.

La vida no tiene una verdad clara, la verdad de tu vida es tu verdad, pero, igualmente, debes saber que es la verdad de todos, es decir, lo que todos creen que es la verdad es lo que tú también adoptas como tal, eso es lo que yo llamo *la verdad del subconsciente colectivo.*

La manipulación de las masas: ellos crean TU REALIDAD

Los grupos políticos, religiosos o económicos tienen entre sus objetivos el control de la masa, que es más fácil que el control del individuo.

La manipulación comienza por una relación emocional, un estado en el que parece que se comparten ideas políticas, religiosas o instrumentales, intereses culturales, económicos, lúdicos o sociales.

En la relación de manipulación existe una parte activa, el manipulador, y otra pasiva, el destinatario objeto de la manipulación, la masa. Pero es indispensable un tercer elemento, que es el medio. No todos los ambientes son propicios para ejercer la manipulación y lograr los objetivos propuestos, por lo que la psicología de masas tiene en consideración que el individuo es de naturaleza social, que tiene tendencia a reproducir las acciones del resto del grupo y es débil ante una idea o situación dominante.

Noam Chomsky decía en 1993 que "en un estado totalitario no importa lo que la gente piensa, puesto que el Gobierno puede controlarla por la fuerza de las porras. Pero cuando no se puede controlar a la gente por la fuerza, se tiene que controlar lo que la gente piensa, y el medio típico es mediante la propaganda...".

La televisión es la que crea TU realidad

La televisión crea a través de mucha repetición y alto impacto emocional el programa que quieren que llevemos a cabo en determinados momentos de nuestra vida. Por ejemplo, se acerca la Navidad y los anuncios de televisión de juguetes inundan nuestra vida siempre con imágenes de alto impacto emocional para un niño y con base en mucha repetición, de esa forma el niño aprende lo que el anuncio quiere que compre.

Sin ir más lejos, Disney nos ha creado un problema en las relaciones de pareja, sobre todo en el valor de pareja ideal (príncipe azul y princesita) ya que el estándar es perfecto y difícil de encontrar en la sociedad actual.

La influencia de la televisión es amplia pero no es ilimitada, aunque impone al televidente un marco de temas. Los programas masivos afectan el modo de ser de la gente, sobre todo gente sin mucha profundidad. (Ponce, 2001).

Por otro lado, está claro que la observación de episodios agresivos en la TV sirve para estimular sentimientos agresivos en el espectador.

Los niños aprenden mientras presencian los espectáculos y les cuesta diferenciar la realidad de la fantasía. La televisión afecta los valores y modelos de conducta en proporción al tiempo que se le dedica.

La violencia, la discriminación, el sexismo, el pensamiento supersticioso y el sentimiento de culpa están muy presentes en muchos de los contenidos actuales de la comunicación masiva, creando un molde de personalidad que puede afectar a una persona.

Los telediarios: la muerte anunciada

¿Te has dado cuenta que los informativos solo hablan de cosas malas, de desastres y de eventos negativos que lo que hacen es manipular objetivamente a las masas creando MIEDO Y DOLOR EMOCIONAL?

¿Sabes por qué no tendría éxito un informativo de cosas buenas? Porque el cerebro reptiliano (animal) necesita saber toda la información negativa como medio de protección para poder evaluar los riesgos. Ya te explicaré posteriormente que una de las cualidades del cerebro más primitivo (reptiliano) es tu protección por encima de todo, ¿y cómo lo hace? Generándote miedo para que no salgas de tu casa o de tu cueva (hace miles de años).

Todo lo malo que le ocurra a la población a tu cerebro le da morbo porque si no te ha pasado a ti, puede pasarte, por esa razón te preparas abriendo todos tus sentidos a flor de piel para que penetre bien en tu subconsciente todo lo que ves y escuchas en un telediario.

¿Has observado alguna vez por qué los telediarios emiten su "programación" a la hora de desayunar, comer o cenar?

Porque cuando comes, el cerebro subconsciente se relaja ya que es una de tu básica necesidad vital. Cuando estás comiendo tu cerebro se encuentra más receptivo a todos los mensajes que procedan del exterior y qué mejor que manipularte a la hora en la que desayunas, comes o cenas.

Cuando quieres conquistar a una pareja o quieres tener una reunión de negocios la haces comiendo porque antropológicamente está demostrado que tu cerebro subconsciente está más perceptivo a recibir la información.

La programación de la *plandemia* de Covid-19

Sí, has leído bien, he escrito *plandemia*, no pandemia.

Fíjate, cuando nos confinaron a todos en nuestras casas nos obligaron a estar pendientes el MUNDO ENTERO de lo único que podía relacionarnos con el exterior: las noticias de los programas de TV.

La gente que estaba todo el día pegada a un televisor viendo y escuchando noticias escalofriantes de la cantidad de fallecidos por la Covid-19, imágenes de doctores con vestimentas que aterrorizaban, imágenes de hospitales a reventar de pacientes, y para más inri, un marcador que te especificaba al día la cantidad de infectados y de muertos por esta enfermedad.

¿No te diste cuenta que lo que estaban intentando es meternos un miedo irracional en el subconsciente con base en imágenes de alto impacto emocional y repetición?

No se me olvida nunca la escena de ver a través de mi ventana a un vecino que tenía la televisión encendida día y noche (hasta altas horas de la madrugada estaba siendo hipnotizado por esta plandemia corporativa).

La realidad que teníamos en ese momento era ese miedo y ese pánico a esta enfermedad porque nos grabaron a fuego en nuestra mente subconsciente esa creencia y posteriormente comprobarás **que "tus creencias crean tus resultados"** pues en blanco y en botella.

Nos programan desde que nacemos

En nuestra sociedad actual no se nos permite elegir ni seleccionar comportamientos o patrones que nos generarán la toma de decisiones, exitosas o no de nuestra vida. ¿A qué me refiero con esto?

Todos, absolutamente todos, nacemos con un nombre seleccionado, con independencia de ser bonito o feo y que ha sido decidido no solo por los padres, sino por votación plena de toda la familia como si de las votaciones de un cargo electoral se tratasen.

El problema de todo esto es que, si tú llamas a tu hijo/hija de alguna manera no muy apropiada, el nombre va con ese niño/a para el resto de su vida (sí, se puede cambiar el nombre, pero no antes de los 18 años) … Cuidado, existen nombres que te programan incluso desde pequeños (por favor, no quiero herir sensibilidades), pero no puedes llamar a tu hija "Dolores", o "Angustias" pero sí deberías llamar a tu hija "Alma", por ejemplo.

Ya desde que nacemos nos programan con el nombre, con lo sencillo que sería ponernos un código numérico y cuando tengamos al menos diez años podamos decidir cómo llamarnos, sé que es imposible, pero quizás es más ético, ¿no crees?

¿Por qué yo me tengo que llamar Gustavo y no Joaquín, por ejemplo? O ¿Por qué una de mis hijas se llama Carlota y no Martina? Esa respuesta la sé y sucedió meses antes del nacimiento en el que, en una comida familiar, igual que en el congreso de los diputados, se decidió por mayoría cuál era el nombre más idóneo para una niña que no había ni nacido...

El siguiente momento de nuestra programación es el tipo de religión que vas a tener en tu vida, no porque tú la elijas sino porque te la imparten de serie en el colegio.

Llevar a tus hijos a un colegio religioso no es lo mismo que llevar a tus hijos a un colegio laico o a un colegio extremadamente religioso.

Entonces, ¿cuál es la realidad?

La que tengas en tus creencias...

Desarrollarás una realidad religiosa que será para ti y que será diferente de otras personas, pero desde luego para ti esa realidad tuya será tu verdad religiosa.

CAPÍTULO DOS

TU MENTE CREA TU REALIDAD

¿Sabías que el 95% de tu vida transcurre en piloto automático?

Estimado amigo mío, así es. Este dato no lo conoce mucha gente, pero es clave para poder detallar en profundidad cómo se crea TU realidad.

La mente subconsciente es la encargada de gobernar en piloto automático el 95 % de tu vida gracias a los "mapas de rutas" o programas que se han generado en ella durante la etapa infantil de tu crecimiento y solo el 5% de tu vida es gobernada por la mente consciente o racional.

Todo lo que nuestros sentidos captan a través de la vista, el olfato, el tacto, el gusto y el oído pasan a nuestro subconsciente sin que nos demos cuenta.

Estimado lector, para poderte explicar correctamente cómo se forma tu realidad, primero te tengo que explicar brevemente cómo funciona el cerebro humano, pero para ir "calentando motores" te adelanto que todo lo que has sentido en tu infancia a través de los sentidos de **manera repetitiva** y con **alto impacto emocional** han creado un programa en tu subconsciente que es el que desarrollarás en piloto automático el resto de tu vida, ese programa se llama CREENCIA LIMITANTE.

Este concepto es clave, querido amigo mío, todo lo que has visto, escuchado, tocado, olido y comido desde los 0 hasta los 8 años de edad si ha tenido un alto impacto emocional y mucha repetición crea una "huella grabada a fuego" en tu subconsciente y esa idea reiterante forma lo que se llama una **creencia, esa creencia es TU REALIDAD, y no otra, pero es diferente a las creencias de otras personas, es decir a sus realidades ¿entiendes por qué cada uno de nosotros tiene una realidad diferente?**

El miedo al dentista: ejemplo de tu realidad heredada

Un ejemplo muy, muy típico que me encuentro a diario en la consulta dental con muchos pacientes es el miedo al dentista u odontofobia...

Lo más curioso es que sé identificar a la perfección este colectivo de pacientes que prefieren tirarse en paracaídas antes de acudir a una clínica dental. Este tipo de pacientes en la mayoría de las veces NO han sufrido ningún suceso desagradable o traumático en la consulta de odontología...

Entonces, te preguntarás, ¿y a qué tienen miedo? ¿Cuál es su realidad sobre el dolor o miedo al dentista? La respuesta es sencilla:

Niño o niña de 0-8 años de edad que escucha, ve, y siente a su padre comentar horas antes de ir al dentista frases negativas como: "qué horror mañana tengo que ir al dentista", "me van hacer daño", "tengo que ir al sacamuelas", y ese padre va a casa de su madre (abuela) con el niño y lo primero que le dice la abuela al padre es "hijo, tranquilo, mañana con el dentista que no te hará mucho daño"... Lógicamente ese niño a base de repetir el mensaje negativo hacia el dentista (repetición) y ver a su padre preocupado y asustado (alto impacto emocional), crea un programa subconsciente en el cerebro reptiliano (lo verás a continuación) que es el que solo quiere protegerte que asocia dentista=riesgo de vida, generando una creencia limitante.

Cuando atiendo a un paciente que me confiesa tener odontofobia o pánico al dentista, la gran mayoría no saben describirme un solo episodio llamativo en su experiencia dental.

Entonces, yo le pregunto sobre la experiencia de sus ancestros, y ellos me confirman que su padre o madre sufrieron mucho en el dentista... ¿Cuál crees que es la creencia que tendrá ese paciente de lo que ha escuchado en su infancia cuando su padre o madre tenía que visitar a su dentista?, pero volviendo a lo nuestro, para este paciente la realidad de acudir a un tratamiento bucal es un problema enorme y en ocasiones tiene que incluso medicarse, pero ¿te das cuenta que esa es su realidad y no la realidad de los pacientes que no sufren este tipo de odontofobias?

Cada vez nos estamos dando más cuenta que tu realidad está creada según tus creencias limitantes y que este ejemplo puede simbolizar una creencia muy arraigada de generaciones pasadas.

El cerebro triúnico (el principio de los 3 cerebros)

Para comprender cómo se forma tu realidad debemos comprender cómo se genera o forma una creencia, pero antes explicaremos el principio de los tres cerebros del Dr. MacLean.

Paul D. MacLean (1 de mayo de 1913–26 de diciembre de 2007) fue un médico norteamericano y neurocientífico que hizo contribuciones significativas en los campos de la psicología y la psiquiatría. Su teoría evolutiva del cerebro triúnico propone que el cerebro humano es en realidad tres cerebros en uno: el reptiliano, el sistema límbico y el neocórtex.

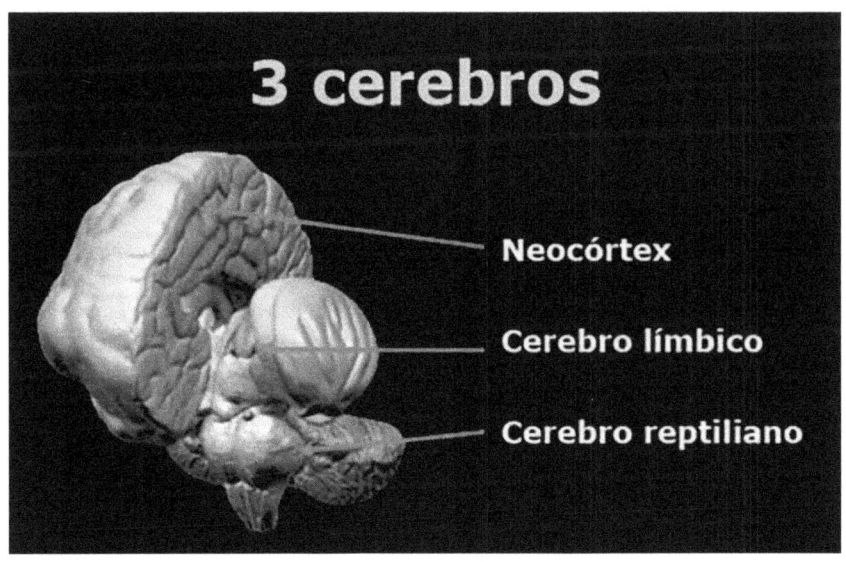

El primer cerebro o reptiliano es el cerebro animal. Es el encargado de generar todos los procesos asociados con la supervivencia y los instintos sexuales, es el animal puro.

Este cerebro es el encargado de PROTEGERTE de todos los riesgos que acontezcan en tu vida. Es el encargado de generarte MIEDO, puesto que el miedo generará una reacción de preocupación y como resultado obligará a que no tomes determinada decisión.

El segundo cerebro es el cerebro emocional o límbico, estando mucho más desarrollado en las mujeres que en los hombres. Es un cerebro con una gran multitud de conexiones nerviosas que responden a todos los estímulos que a través de los sentidos proceden del exterior.

El tercer cerebro es el neocórtex (nueva corteza) que es el que se asocia a la parte más analítica y racional. El neocórtex es el cerebro que racionaliza y justifica tu modo de actuar.

Pues bien, los cerebros que gobiernan el 95% por ciento de tu vida son el cerebro reptiliano y el cerebro límbico emocional (cerebro subconsciente) y tan solo el neocórtex el 5% (consciente).

En mis cursos siempre comento que todo en nuestra vida lo compramos a través de convencer a lus dos cerebros emocionales (reptiliano y límbico) y que solo el racional es el que justifica.

Cuando te vas a comprar un coche nuevo, todo lo que tus cerebros reptiliano y límbico han captado a través de los sentidos es lo que decide en el 95% de la compra y tan solo el 5% es el que decide por la parte consciente y racional.

Placer o dolor emocional

¿Cómo funciona nuestro subconsciente?

Cuando tienes una experiencia positiva o negativa que se repite de manera constante, se genera una sensación y por lo tanto una etiqueta en tu cerebro clasificada como PLACER o DOLOR.

Esa idea se almacena en forma de sensación en un programa que se guarda en el subconsciente. Esa idea es lo que denominamos **CREENCIA.**

Una creencia se genera por alta repetición y por alto impacto emocional. Todos los que nos dedicamos a esto ponemos el ejemplo del atentado del 11 de septiembre de las Torres Gemelas, ¿tú recuerdas lo que hacías en ese momento?, ¿y te acuerdas lo que hacías el 14 de septiembre del 2021?

Para que se forme una creencia, tienen que convivir esa fórmula mágica de ¡alto impacto emocional y alta repetición!

Pues bien, de pequeño siempre tus padres hablaban en casa de lo malo que es el dinero, que el dinero solo lo gana la gente sin escrúpulos o la gente que no hace las cosas legales.

Te cuento cómo funciona el programa. Tienes 7 años de edad, tanto por alto impacto emocional (tus padres siempre agobiados con el dinero y los veías sufriendo), como por repetición constante, genera que tu cerebro etiquete esa información como información peligrosa que causa DOLOR emocional y como tu cerebro solo quiere protegerte, la almacena en el subconsciente que es el que te guiará en el 95% de tu jornada diaria.

Cuando tú en tu vida dispongas de dinero, tu cerebro subconsciente interpretará la palabra DINERO=DOLOR=MALO, y actuará en tu vida para que todo el dinero que tengas lo derroches puesto que tu cerebro no quiere el dinero en tu vida. Esto es así, es un programa del dinero arraigado en tu subconsciente en el programa DINERO=DOLOR=MALO.

Cómo se forma una creencia

Las creencias generan tus pensamientos, tus pensamientos tus emociones, tus emociones tus acciones y tus acciones tus resultados.

CREENCIAS-PENSAMIENTOS-EMOCIONES-ACCIONES– RESULTADOS.

De esta fórmula mágica nos podemos quedar con la primera y última de las palabras

CREENCIAS–RESULTADOS

Estimado lector, así de claro y duro es, el Universo

es mental, lo que piensas con base en tus creencias lo manifiestas en resultados.

Te voy a poner un ejemplo que siempre me ha sucedido siguiendo el mismo patrón, hasta que hice consciente el inconsciente, identifiqué la creencia y gracias a la visualización la cambié.

Yo siempre actuaba igual con las mujeres con las que he salido, siempre actuaba bajo la creencia de que iba a perderlas y así era, además de manera constante.

Mis parejas siempre se agobiaban conmigo porque yo les generaba mucha sensación de control porque tenía miedo de perderlas. En el fondo estaba actuando bajo el APEGO y no el amor verdadero. Entonces una vez que desperté, en varias sesiones de meditación y en un par de regresiones comprendí porque siempre tenía los mismo RESULTADOS con las mujeres, y lógicamente el problema no venía en el resultado sino en la CAUSA, (mis creencias), MIS PROGRAMAS INTERNOS SUBCONSCIENTES EN REFERENCIA AL AMOR.

Acudí a una técnica de hipnosis regresiva y mi subconsciente me llevó exactamente a la escena que generó en mí un programa de DOLOR-MIEDO-MIEDO-MUJERES- ABANDONO. Os detallo, en esa hipnosis regresé hasta la edad de los nueve años de edad, yo era un niño muy, muy mimado siempre por mi madre y por mi padre, si puedes decir, el primero de dos hermanos, el mimado de turno, además y con máxima honestidad, era un niño muy guapo, pelo rubio casi albino, ojos achinados, y con un gran carisma desde que nací (no tengo abuela jaja).

Pues bien, yo fui un niño muy feliz hasta que mi madre entró en una fuerte depresión; imagínate de la noche a la mañana pasar de ser un niño mimado por mi madre a ser un niño que en muchas ocasiones veía a su madre encerrada en un cuarto llorando sin querer salir de la habitación. Esto me generó un choque muy fuerte en mi subconsciente, que de manera REITERADA y con ALTO IMPACTO EMOCIONAL generó un programa en mi subconsciente que era MUJER= DOLOR.

Además, recuerdo la insistencia constante de mi padre por intentar agradar a mi madre y medio "forzarla" para hacer planes y siempre su negativa, generando a mi padre mucho dolor emocional. Veía que mi padre se lo tenía que "currar" para que mi madre saliera adelante. ¿Cuál crees que es el programa subconsciente que generé? PADRE-HOMBRE-FORZAR–FELICIDAD MUJER - FRACASO.

En todas mis relaciones en el momento que sentía que mis parejas estaban infelices me entraba un pánico a que cayeran en una depresión y hacía lo posible para que no fuera así, creando lo que en metafísica se llama un potencial excesivo (lo veremos en el principio del ritmo). Mi miedo era que mis parejas no estuvieran felices y cayeran en una depresión reproduciendo la historia vivida en mi infancia.

En definitiva, cuando sentía que mi pareja estaba un solo día triste, entraba el programa subconsciente DOLOR-MIEDO–MUJERES, almacenado a fuego grabado y boicoteaba todas mis relaciones porque mi cerebro con ánimo de protegerme se sentía profundamente amenazado por ellas.

Recuerda, esa era mi creencia, y así han sido mis resultados (separado, abandonado y rechazado por mis parejas hasta que entendí esta regla del juego). Quiero aprovechar para darle las gracias a mi madre porque gracias a ella pude aprender esa experiencia que me marcó, pero supe reconocerla y cambiarla con éxito y a mis novias que lamentablemente lo sufrieron (Silvia, Irene y Nuria), gracias por apoyarme y enseñarme.

Tu portero de discoteca tu SAR (tu sistema de activación reticular)

Toda esta información que percibe nuestro cerebro subconsciente está tremendamente filtrada porque de lo contrario recibir cuatrocientos mil millones de bits por segundo generaría un verdadero cortocircuito en nuestro cerebro. El encargado de filtrar toda esta información recibida por los sentidos es el SAR (sistema de activación reticular). El SAR, lo que yo llamo el "portero de tu discoteca de tu mente subconsciente".

La formación reticular es un sistema cerebral que está implicada en muchas funciones, todas ellas fundamentales para nuestra supervivencia y correcto funcionamiento.

Está compuesto por dos subsistemas, siendo uno de ellos **el sistema reticular activador ascendente, un circuito de varios núcleos** que está implicado en la vigilia, la atención y los cambios sueño-vigilia.

Este fascinante conjunto de núcleos es el encargado de que prestemos atención y, de hecho, es una de las áreas que están activadas ahora mismo a medida que vamos leyendo este artículo. Descubramos más sobre tan interesante sistema.

Básicamente, tiene un potente sistema que se centra en conocer tus gustos basándose en tus búsquedas, en tus compras, etc. Sabe lo que estás indagando y por eso te ofrece lo que considera que quieres ver para que lo compres.

El cerebro hace exactamente lo mismo. Le llega tal cantidad de información que nos devuelve una realidad basada en lo que considera, de manera inconsciente, que creemos y queremos ver basándose en nuestros gustos, nuestros patrones de comportamiento, lo que pensamos, lo que sentimos, la información en la que nos centramos básicamente, igual que hiciera Amazon, por ejemplo.

Entonces, de repente ***buscas quedar embarazada y no haces más que ver embarazadas por la calle,*** o te quieres comprar una determinada marca de coche y de pronto empiezas a ver florecer millones de ese modelo en cuestión.

En este caso, el cerebro subconsciente le ha dado instrucciones claras al SAR para que permita entrar "a la discoteca" todo lo relacionado con embarazadas o con determinada x marca de coche.

La pregunta del millón, estimado lector, es ¿con base en qué información decide el SAR prestar atención? La respuesta es sencilla**: Tus CREENCIAS**. El SAR está regulado por tus creencias más arraigadas en tu subconsciente, tus programas subconscientes.

El SAR, este radar de uso continuo, cambiará sus patrones de búsqueda cuando tú cambies tus creencias, cuando tú cambies tus programas subconscientes,

El ejemplo de las embarazadas es perfecto, o el de los hombres con alopecia más. Os voy a poner un ejemplo, en la fecha en la que estoy escribiendo este libro (en este momento 14 de octubre del 2021), yo ya estoy empezando a notar cierta rebaja en mi calidad capilar por no decir que me estoy quedando calvo (duele la creencia arraigada que quedarse calvo es un signo de envejecimiento); pues bien, te aseguro, estimado lector, que ahora veo muchos calvos, muchos, muchos, muchos, es más he aprendido a identificar la progresión de su calvicie, y lógicamente la comparo con la mía. ¿Quién se encarga de recordarme este proceso tan "doloroso"?... Mi SAR, mi gran filtro subconsciente.

Durante los 0-8 años NO tenemos portero de discoteca

Pero... ¿Cuándo NO tenemos portero de la discoteca? Cuando tenemos edad infantil desde los 0 hasta los 8 años de edad, por eso TODA la información que nuestros sentidos capten a través de lo que ven, escuchan, huelan, toquen y gusten con valores negativos y con repetición y alto impacto emocional, van impactando en tu cerebro subconsciente CREANDO un programa o anclaje que tu cerebro almacena con el título "peligro xxxx", por ejemplo, "peligro dentista", que será utilizado para protegerte y ponerte en "modo defensa" cuando un estímulo exterior (disparador) sea hostil para ti.

Pero de nuevo comentamos, lo que es hostil para ti, no tiene por qué serlo para otro, ¿entiendes ahora la razón por la que cada uno de nosotros tenemos nuestra realidad?

Educar al portero de discoteca: el SAR

El SAR se puede calibrar sin duda alguna, siempre si decidimos primero en el subconsciente qué queremos recibir de información.

Si me centro en desgracias y en pensamientos negativos, todo lo que perciba y todo lo que el SAR me proporcione serán más y más experiencias que son negativas. "Tus deseos son órdenes para mí".

El subconsciente genera una creencia con alto impacto emocional y alta repetición de una idea, por lo que tras realizar este "hechizo", no os preocupéis que vuestro SAR estará calibrado para toda la información que sea de ese interés.

¿Te ha pasado alguna vez que cuando te deja tu pareja, durante mucho tiempo tu SAR está en búsqueda activa de una mujer o hombre con rasgos físicos muy similares a los de tu ex?, pero cuando pasas esta etapa y te olvidas de tu ex, ¿qué sucede que todas las mujeres o hombres que eran similares en físico han desaparecido?, no, amigo, tu SAR se ha calibrado en la búsqueda de otra información.

¿Cómo actúa TU SAR?

El SAR, normalmente, como filtro o "portero de discoteca" que es, se encuentra en su puesto de trabajo que es en la puerta de entrada de tu discoteca (tu mente subconsciente) protegiéndote de cualquier amenaza exterior que pueda captar a través de los sentidos.

Las instrucciones que ordenan al portero de discoteca son, como hemos visto con anterioridad, tus creencias y los programas de vida que usas en el 95% de tu vida.

De alguna manera, por así decirlo, es como si tu portero de discoteca estuviera actuando siguiendo lo que tu cerebro subconsciente le ordena para evitar, entre otros puntos, **el dolor emocional.**

Cuando tienes una creencia limitante, por ejemplo, con el amor porque de pequeño viste demasiadas peleas en casa o comentarios poco afortunados en referencia a las relaciones, esa información repetida y con alto impacto emocional crea una creencia limitante grabada a fuego en la mente subconsciente con el título "programa amor" dañino.

Como el cerebro reptiliano lo único que quiere es tu protección, genera órdenes a tu SAR o portero de discoteca para que "refuerce" las medidas de seguridad en el caso en el que capte a través de los sentidos amenaza de "amor" hacia una pareja.

Normalmente, este tipo de personas que tienen una creencia limitante en el amor suelen boicotear cualquier relación en el momento en el que el SAR determina amenaza de amor.

Lo mismo ocurre con la salud y el dinero…

La mente que recuerda es tu peor enemigo

Cuando nuestro subconsciente (el cerebro reptiliano) memoriza una creencia (idea arraigada que pone en peligro la supervivencia del individuo), se crean unas redes neuronales con una estructura en particular que reflejan el evento exterior. De alguna manera es como si en tu subconsciente se etiquetara la creencia con un nombre y apellido atribuyendo un nivel x de amenaza.

En cuanto estas células nerviosas se conectan, el cerebro libera unas sustancias químicas llamadas "emociones". Cuando estas emociones generan unas determinadas sustancias químicas de manera automática esa emoción causa un cambio en tu humor o conducta determinado. Puede ser, por ejemplo, cuando te intoxicas con gambas. Tu cerebro almacenó en su más profunda memoria una experiencia o emoción muy negativa generando la conexión de células nerviosas específicas con liberación de unas determinadas sustancias químicas.

Cuando años después pasas por un sitio que huele a gambas, automáticamente a través del sentido del olfato se capta esta información y se genera un disparo que pone en versión automática a tu subconsciente, creando las mismas sustancias químicas que años atrás. Literalmente, sentirás lo mismo que cuando te intoxicaste con gambas, eso es lo que se denomina un recuerdo.

La realidad heredada

En muchas ocasiones incluso heredamos realidades que no son ni nuestras, sino ciertas "manías" que proceden de hasta tres generaciones atrás.

Recuerdo un caso de una mujer que siempre cuando pelaba patatas tenía la manía de primero cortar los dos extremos de la patata y luego retirarle la piel. Un día su hija le preguntó por qué hacía esa técnica tan peculiar y la madre respondió que no lo sabía realmente, sino que lo había visto de su madre.

La hija aprovechando una comida familiar en la que estaba la abuela, le preguntó el motivo por el que cortaba de esa forma las patatas, y la abuela contestó que lo había aprendido de su madre, es decir, ya vamos por la bisabuela...

La realidad o la realidad que nosotros creemos que es la realidad, en muchas ocasiones, procede de una carga hereditaria importante. Ojo con este tema porque nuestra realidad puede estar creada, como vimos anteriormente, por nuestras creencias y estas creencias de generaciones anteriores.

Si haces un análisis de dos generaciones atrás podrás adivinar en el caso en el que tengamos una creencia limitante con el dinero, por ejemplo, si esa maldición se ha mantenido en el tiempo. Si nuestros ancestros tuvieron un problema de dinero, ¿cuál crees que es la creencia que vas a tener tú sobre el dinero?, pues evidentemente una creencia muy limitante.

Recuerda que nuestras creencias crean nuestros pensamientos, nuestros pensamientos nuestras acciones y nuestras acciones nuestros resultados. Si desde que eres pequeño estás escuchando que el dinero es un problema, que el dinero trae preocupaciones, que el dinero es de gente que se dedica a realizar negocios turbios, pues tus resultados, TU REALIDAD será esa.

El aquí y el ahora: esa debe ser tu realidad

Dicen los sabios que debemos vivir en el aquí y en el ahora, porque en el nivel temporal, realmente es lo único que tenemos. El futuro es irreal porque no existe, es futuro. El pasado ya ha pasado, no es el ahora.

Esta ha sido una de las lecciones mejores que he aprendido en mi despertar y en mi evolución espiritual. Cada segundo que pasa es un segundo menos de vida, es un segundo menos de tiempo que tienes para vivir y disfrutar con los tuyos.

La realidad es que podemos hacer todos los planes de nuestra vida, preocuparnos por muchas cosas, deudas, pagos, futuro, cuando realmente lo que estamos haciendo en esa vibración, ya no solo es vibrar en carencia y en negatividad, sino también perder literalmente un tiempo muy valioso.

La vida nos sorprende a diario con noticias escalofriantes de personas que nos dejan en este plano sin aviso alguno, o que sufren algún tipo de revés en la vida en cuestión de segundos. Todos hemos conocido algún episodio de estos.

Lo que puedo recomendarte, querido amigo mío, es que disfrutes y aproveches cada segundo como si fuera el último de tu vida, porque realmente puede serlo. Vamos a intentar hacer un acuerdo tú y yo. Vamos a intentar que desde este momento pienses que cada segundo de tu vida es único y es un signo inequívoco que todavía estás en este mundo para cumplir una misión almática.

Desde ese aquí y ahora quiero que no pierdas el tiempo más de lo normal y si necesitas como todos descansar, hazlo, pero siempre sabiendo lo que es justo o lo que es excesivo. Por ejemplo, en España acostumbramos, los que pueden, a "tomar una siesta", generalmente después de las comidas.

En mi casa, mi padre todos los días de su vida solía acostarse treinta minutos antes de irse de regreso a su trabajo, herencia, costumbre o creencia que mi hermano sigue a rajatabla. Yo si pudiera también lo haría, pero, ojo, treinta minutos máximo porque de lo contrario alteras tu ritmo biológico del sueño y eso afecta a la secreción de ciertas hormonas que a la larga pueden pasarte factura si están descompensadas.

La siesta debe de ser una "cabezadita", suficiente como para desconectar y volver a la carga. Si en lugar de una siesta haces una meditación profunda, eso ya sería ideal.

Mi recomendación final es que seas consciente de la inversión de tu tiempo de vida, sabes que malgastarlo es incorrecto, aprovéchalo.

¿Por qué dices que no te gusta si todavía no lo has probado?

En muchas ocasiones la vida te muestra caminos que tenemos, la corazonada que debemos transitarlos y no lo hacemos porque los miedos entran en acción, culpa de la capacidad destructiva que tiene nuestra peor enemiga que es la mente.

Hace tiempo descubrí un vídeo en YouTube de un autor denominado Lytos que marcó un antes y después para entender la realidad de mi vida.

En este vídeo lo que más me ha llamado la atención es que NO hacemos caso a las corazonadas que nuestro Universo manda a través del alma y cómo así cerramos las puertas entreabiertas que nos deja la vida...

Desde nuestro punto de vista del estudio de la realidad, en realidad, esa realidad es que tenemos una puerta entreabierta en el aquí y en el ahora y esa puerta entreabierta puede ser un desencadenante muy posible de una cadena de sucesos que pueden conducir tu vida ante una u otra dirección.

Dentro de este magnífico vídeo de Lytos se comenta una frase que me abrió literalmente los ojos: "¿por qué dices que no te gusta si no lo has probado?" ... Esto, querido amigo, te va a suceder en tu momento de evolución como me ha pasado a mí.

En una cena, una comida, una reunión estarás muy ilusionado por intentar contribuir con la sociedad y recibirás muchos "no creo en esto", "no me cuentes milongas", "estás fatal" ... Cuando esto te suceda, tranquilo, no es su momento, es el tuyo.

En la vida, la gente construye su falsa realidad con base en un programa mental de confort y protección (función básica del cerebro reptiliano), y ese programa cuando detecta algo que no le genera confianza, toca el interruptor de cierre de la puerta como si de un hangar de seguridad nuclear se tratase.

No te enfades, ni sigas con tu objetivo, más bien, lo que puedes hacer es lo que yo siempre respondo "¿por qué dices que no te gusta sino lo has probado?".

Esto sucede en todos los ámbitos de la vida, te cuento una experiencia profesional para que lo compruebes...

Es muy similar este punto al tema de las relaciones personales entre parejas o posibles parejas. Conocemos a alguien que podría ser nuestra alma gemela y no le damos la oportunidad de "probarlo" porque tenemos asociadas unas creencias limitantes. ¿Alguna vez te ha sucedido que te invitan a una fiesta y has puesto todas las excusas del mundo, pero al final has acudido y ha sido la mejor fiesta de tu vida o al menos una de las que recuerdas?, así conocí a mi exmujer con la que he tenido a mis dos preciosas hijas Carlota y Daniela. Si yo ese día hubiera "cerrado la puerta" no hubiera conocido a mi exmujer y mi vida hubiera girado a una vida con un interrogante difícil de determinar.

Vence TU realidad pretende y consigue abrir esa puerta para así entrar de lleno en tu evolución espiritual recordando el principal motivo por el que has venido a esta vida (ayudar a los demás). NO lo olvides nunca.

El tren de tu vida

La vida no es más que un viaje por tren repleto de embarques y desembarques, salpicado de accidentes, sorpresas agradables en algunos embarques y profundas tristezas en otros. Al nacer nos subimos al tren y nos encontramos con algunas personas que creemos siempre estarán con nosotros en este viaje.

NUESTROS PADRES

Nuestros padres son nuestra luz en el inicio y en el transcurso de nuestro viaje. Nos enseñan, educan y orientan, puesto que algún día el viaje lo haremos solos.

La verdad lamentablemente es que ellos se bajarán en alguna estación, no sabemos cuál ni cuándo, dejándonos huérfanos de su cariño, amistad y su compañía irremplazable.

No obstante, esto no impide que se suban otros viajeros, otras personas que serán muy especiales. Llegan nuestros hermanos, nuestros amigos y nuestros maravillosos amores.

De las personas que se suben a este tren habrá los que hagan un simple paseo y se bajarán muy pronto en el viaje, otros encontrarán solamente tristeza en el viaje y habrá otros que circulando por el tren estarán siempre listos para ayudar a quien lo necesite.

Muchos de ellos al bajarse en su estación generarán una gran añoranza y recuerdos, pero nos debemos calmar al pensar que coincidieron con nosotros por algún motivo, para enseñarnos alguna lección o aprendizaje; otros pasan tan desapercibidos que ni siquiera nos damos cuenta que desocuparon el asiento.

Es curioso constatar que algunos de los pasajeros que son tan queridos se acomodan en vagones distintos al nuestro, por lo tanto, se nos obliga a realizar el trayecto separados de ellos; desde luego no se nos impide que durante el viaje recorramos con dificultad nuestro vagón y lleguemos a ellos, pero lamentablemente ya no podremos sentarnos a su lado pues habrá otra persona ocupando el asiento.

No importa el viaje, se hace de este modo, lleno de desafíos, sueños, fantasías, esperas y despedidas, pero jamás, jamás, REGRESOS.

Hagamos este viaje de la mejor manera posible, tratando de relacionarnos bien con todos los pasajeros, buscando en cada uno lo que tengan mejor y lo mejor que tengamos nosotros para ofrecerles.

El gran misterio al fin, es que no sabrás jamás en que estación bajaremos, mucho menos donde bajarán nuestros compañeros, ni siquiera el que está sentado en el asiento de al lado.

Me quedo pensando si cuando baje del tren sentiré nostalgia, seguro que sí porque separarme de mis compañeros de viaje puede ser muy triste y doloroso, pero tengo la esperanza que cuando baje en la estación principal, en el final del trayecto, pueda haber dejado un legado o pueda haber cumplido con la misión por la cual desperté.

La vida, querido amigo, mientras vivas sabes que vas en este tren rodeado de experiencias, compañeros de viaje y todo tipo de aprendizajes que debes aprender para luego enseñar, pero corre, vuela, porque no sabes cuándo llegarás a tu estación final.

La preocupación es la hija del miedo

Otro tema que tenemos que abordar es el tema de las preocupaciones porque cuando entiendas el concepto tal y como lo entendí yo, tu realidad cambiará a la hora de afrontar algún problema.

Verás, estimado lector, la preocupación es sin duda la hoja del miedo, es la antesala al miedo por algo que todavía NO se ha cumplido, pero que tienes miedo a que se cumpla.

El cerebro reptiliano es el encargado de situarte en la mayoría de las veces en la zona de confort porque como ya hemos visto anteriormente lo único que desea es protegerte. Cuando tú te presentas a lo que puede ser un problema, el cerebro reptiliano como si de un radar se tratara detecta con antelación el posible problema y desencadena una serie de reacciones químicas en el cerebro que se preparan ante el problema como si ya estuviera. Esa preparación y todo lo que conlleva es la preocupación.

En nuestra sociedad vivimos preocupados por todo, la salud, el dinero, las deudas, las relaciones, los amigos, el trabajo, de nuevo la salud, el dinero, las relaciones, etc. Todo esto ocasiona la liberación de sustancias químicas cerebrales que además de generar adicción pueden a medio plazo generar un problema grave de salud.

El cortisol, o también conocida como la hormona del estrés, es una molécula sintetizada por el cuerpo para reaccionar ante situaciones límite.

El ejemplo más claro es cuando una persona siente peligro: la hormona del estrés obliga al cuerpo a correr o atacar. Es decir, en un caso de emergencia una de sus funciones es incrementar la actividad física.

Los valores normales de cortisol son de 10 µg/dl. Sin embargo, en situaciones de estrés esta cifra puede alcanzar valores hasta quince veces mayores.

La principal función de cortisol es hallar una respuesta rápida a un problema. En estado de shock, el cortisol cumple la función de estimular la síntesis de otras hormonas y obligar al cerebro a reaccionar.

Al liberar cortisol en la sangre el cuerpo inmediatamente puede movilizar las reservas de energía. La glucosa se desprende de los tejidos y se dirige al torrente sanguíneo. La función: aumentar la actividad cerebral y la concentración.

Además, la hormona cortisol forma parte de la respuesta inmune del cuerpo. De hecho, uno de los roles esenciales del cortisol es actuar como antiinflamatorio. Sin embargo, cuando el aumento se vuelve crónico esto puede hacer que el sistema inmune se vuelva "resistente".

Entonces, se da la acumulación de hormonas del estrés y una mayor producción de citocinas. Estas moléculas promueven la inflamación y pueden comprometer la respuesta inmunitaria provocando enfermedades crónicas que todos conocemos.

En este juego también son partícipes, el glucagón, la prolactina o las tres hormonas sexuales: los estrógenos, la progesterona y la testosterona, por lo que el cóctel de sustancias es la combinación perfecta para generarte el estrés crónico.

Está demostrado que de todas las cosas que nos preocupamos solo el 20% suelen convertirse en una realidad y **el 80%** ha sido un mecanismo inventado de nuestro cerebro para prepararnos, pero ¿sabes en realidad lo que sucede?

Cuando tú estás preocupado estás generando una vibración negativa que emanas al Universo y ya verás en los capítulos posteriores como tu vida actual es el resultado de los pensamientos que tuviste en tu vida del pasado, así que por favor racionaliza tus preocupaciones.

Si observas la palabra preocupado, en realidad es *pre-ocupado* (antes de ocuparse) por eso es una palabra de preparación.

Casi sin percibirlo, vivimos en una situación de continuo estrés, preocupados por el pasado o por un futuro amenazador, cuyo origen se remonta a una infancia donde nuestras necesidades más básicas no fueron satisfechas, como por ejemplo nuestra necesidad de cercanía con el cuerpo de nuestra madre.

Esto activa nuestra atención en los tres grandes: en el cuerpo, en el entorno y en el tiempo, y vivimos así en continuo estado de supervivencia.

El gran efecto secundario de desidentificarte de las emociones de supervivencia almacenadas en tu memoria, es la liberación de energía en el cuerpo.

En cuanto liberas esas emociones asociadas a tu pasado, la energía regresa para que puedas usarla para crear tu nueva realidad. Algunas de las emociones de supervivencia, a las que puedes estar siendo adicto, son:

-La inseguridad

-El odio

-Los juicios

-El victimismo

-La preocupación

-La culpabilidad

-La depresión

-La vergüenza

-El arrepentimiento

-El sufrimiento

-La frustración

-El miedo

-La tristeza

-La aversión

-La envidia

-La ira

-El resentimiento

-La carencia

La epigenética

Los estados emocionales de la persona pueden modificar el material genético, tal y como lo demuestra la ciencia, en concreto, la epigenética.

Las hormonas anteriormente citadas pueden generar cambios en la estructura genética de las células puesto que generan unas respuestas a nivel molecular que permiten entrar en el interior del ADN y atacar a algunos genes causando cambios en su estructura con la posibilidad de provocar enfermedades que todos conocemos.

Existen genes que es conveniente que despierten como son los genes que crean neurotransmisores asociados a la inteligencia, pero otros deben quedar dormidos por nuestro bien.

Cuando somos positivos y alegres estamos cambiando la estructura molecular y generando nuevas neuronas que reinventan nuestro cerebro, eso sí, si mantenemos esta sensación durante veintiún días, que es lo que tardan en crearse nuevas neuronas.

Anota en una hoja las emociones negativas y haz ejercicio

Cuando tengas o sientas una emoción negativa si te concentras en ella cada vez la harás más intensa, "en lo que te concentras se expande y en lo que te resistes persiste", por lo que te voy a recomendar dos técnicas muy fáciles de hacer y que te ayudarán mucho cuando te sientas mal:

1.- Toma una hoja y un papel y escribe la emoción que te afecta, escríbela en presente y racionaliza el proceso. Obligatoriamente para hacer esta actividad vas a tener que usar la parte prefrontal izquierda del cerebro donde se encuentran la base de las emociones positivas por lo que al ir pasando por esa estructura cerebral irás "enfriando" el enfado de manera automática.

2.- Haz ejercicio físico. Te recomiendo que, si tienes un enfado empieces a caminar acelerando el corazón y la respiración, es decir, a un ritmo elevado que según mis cálculos ronda los siete kilómetros por hora. Cuando haces este ejercicio se empiezan a liberar dos hormonas que son la oxitocina (hormona de la felicidad y la beta-endorfina que ambas anulan a la amígdala cerebral y esta a su vez al hipotálamo, estructuras básicas en las reacciones de ira y enfado).

Cuando una persona está enfadada provoca un estado **denominado "resonancia límbica",** generando una carga de energía negativa con todo el que se rodea. Con tan solo andar unos veinte minutos a ese ritmo, te aseguro, estimado lector, que reducirás en gran medida el enfado.

La evaluación de la emoción negativa

Cuando una persona es hipersensible a los enfados de los demás es culpa de nuestro diálogo interno, es decir, nuestro subconsciente, ya que como vimos está gobernado por las creencias limitantes que en el día a día van generando mensajes negativos hacia nosotros mismos, frases como "qué tonto soy", "no valgo para nada", "no soy atractivo", etc., van impactando en el subconsciente hasta que un buen día por algún evento vulgar el individuo explota perdiendo el control.

<u>Observa tus pensamientos con determinada frecuencia</u>

Observa tus pensamientos con determinada frecuencia y descifrarás cuáles son tus verdaderas creencias. Recuerda que durante el día funcionamos en el piloto automático de nuestro subconsciente en el 95% del tiempo impidiendo que tengamos "tiempo" para poder observar y analizar nuestros pensamientos, y por tanto, nuestras creencias.

Te recomiendo que analices desde tu interior la mayoría de tus pensamientos y de tus creencias diarias. Incluso compáralas con las de tu familia. Verás cómo te sorprenderá encontrar muchos puntos en común entre tus creencias y las de tu familia.

¡Ya me dirás!

CAPÍTULO TRES

METAFÍSICA CUÁNTICA PARA PRINCIPIANTES

Cuando se habla de energía original, de la forma más simple y de cantidades de energía pura, se está haciendo referencia a la física cuántica. La metafísica cuántica nos habla de la energía que conecta el cuerpo y al alma con el universo. El hombre siempre ha tratado de dar una explicación de cómo se rige la materia y sus leyes, al igual que de cómo está constituida la energía esencial.

La física cuántica viene a dar explicaciones lógicas sobre temas que nunca han tenido una respuesta o aquellos a los que no se podía dar explicación con la teoría de la relatividad; simplemente se dejaban sin explicación y solo podía ser entendido desde el plano religioso y espiritual. La metafísica cuántica no es una forma diferente de hacer ciencia, no es una técnica, es un poder ilimitado que toma lo más cercano que se conoce en el plano terrenal de la energía transmisible y la transforma a la física cuántica.

La metafísica cuántica es una visión mucho más amplia llamada "cosmovisión", que lleva a la humanidad al camino de la ascensión por medio de un proceso evolutivo consciente, creando la realidad interna individual y las propias leyes del equilibrio entre el mundo corporal y el alma.

Un equipo de científicos e investigadores llevaron a cabo varios experimentos con un acelerador de partículas en Europa. Con este experimento se pudo demostrar la existencia de partículas más pequeñas que los electrones que giran alrededor de un núcleo, además de que cada uno de ellos está en movimiento y cargados de una energía cuántica específica. Los científicos comprobaron la existencia nuevas unidades subatómicas y que estas a su vez se transforman y se unen a otros átomos para formar nuevas partículas. La física cuántica ha demostrado que el mundo subatómico es mucho más de lo que se pensaba.

La metafísica cuántica nos explica que cada persona puede crear su propia realidad, algunos científicos llegan a la conclusión de que el concepto de átomo es como una parte.

El origen de la física cuántica

Los componentes esenciales del mundo físico se conforman tanto de ondas (energía) como de partículas (materia física), dependiendo de la mente del observador, algo que ahora te explicaré.

Existieron durante años varias teorías como la versión clásica newtoniana que consideraba a todo sólido. Por ejemplo, la energía se interpretaba como una fuerza que movía los objetos o cambiaba el estado físico de la materia, pero la energía es mucho más que eso, la energía es el entramado mismo de lo material y responde a la mente.

Einstein, mediante su famosa fórmula $E=mc2$, evidenció que la energía y la materia están íntimamente ligadas y que son lo mismo. Sus teorías desencadenaron una investigación sobre la extraña conducta de la luz. Los científicos observaron que la luz algunas veces se comportaba como una onda y otras como una partícula, dejando este resultado muy confusos a los científicos.

Según Einstein, los átomos se componen de un espacio vacío, son energía. Materialmente un átomo es nada, pero potencialmente lo es todo. **La energía responde a la atención: el efecto observador.**

Este experimento fue un antes y un después para los científicos.

Lo que los físicos cuánticos descubrieron es que la persona que está observando o midiendo las partículas del átomo afecta a la conducta de la energía y la materia.

Los experimentos cuánticos demostraron que los electrones existen como una infinidad de posibilidades o probabilidades en un campo invisible de energía. Pero solo cuando el observador se fija en cualquier localización de un electrón es cuando este aparece. Este descubrimiento es clave para entender como nuestros pensamientos son creativos a nivel cuántico.

A nivel subatómico una energía mantenida en el tiempo (energía concentrada gracias a la visualización creativa), esa energía responde a tu atención (efecto observador) y se convierte en materia.

Yo, para entender esto, siempre lo explico de la siguiente manera:

Imagina un campo de posibilidades infinitas invisible y que tú vas seleccionando partículas de energía libre y que con tu atención y tiempo de visualización vas creando uniones de esa energía libre hasta que al final se vuelven energía concentrada y esto, materia física.

Imagina un rayo láser que con su onda es capaz de seleccionar varios electrones y con su potencia los agrupa y cuando son numerosos estos crean materia. (Estimado lector, este párrafo te lo he contado a modo coloquial y poco científico, pero es para que lo entiendas).

¿Te has fijado alguna vez cuando cocinas huevos revueltos? Al principio echas el huevo en la sartén y la energía (la inducción de la vitrocerámica) actúa durante un tiempo hasta que poco a poco agrupa millones de electrones que acaban solidificándose en un huevo revuelto, hemos pasado de un estado líquido que con la energía se ha transformado en un estado más condensado. De nuevo, perdona por mi forma de explicar metafísica, pero es para que lo comprendas.

Todo lo que existe en el Universo físico está hecho de partículas subatómicas como los electrones. Por naturaleza, estas partículas, cuando existen como puro potencial, están en estado de onda mientras NO son observadas. Una vez que se observan se consolidan en plano físico material.

Cuando por medio de la visualización creativa accedes al mundo metafísico o cuántico, si puedes imaginar un acontecimiento futuro en tu vida basándote en cualquier deseo, esta realidad ya existe como posibilidad en el campo cuántico, por eso se llama campo de posibilidades infinitas o quinta dimensión y esta realidad está esperando que la observes para crear tu realidad.

Posteriormente, te enseñaré a visualizar creativamente y acceder a tu quinta dimensión o plano metafísico cuántico y podrás usar tu mente con el esfuerzo diario como observador para colapsar las partículas cuánticas y organizar una infinidad de ondas subatómicas de probabilidad en una situación física deseada llamada experiencia vital.

El Universo cuántico está esperando a que tú como observador consciente y creativo llegues e influyas en la energía en forma de materia potencial con tu mente y tu conciencia para que las ondas de probabilidades energéticas se manifiesten en materia física.

Te dejo un enlace QR para que comprendas un poco mejor en qué consiste **el efecto observador**:

Tú eres el arquitecto de tu vida

Hace tiempo escuché una sabia frase que decía **"tú eres el arquitecto de tu vida"**. En este sentido es fácil, pero a la vez muy complejo entender con éxito pleno esta frase. "Tú eres el arquitecto de tu vida" simboliza la frase más honesta y sincera que puedes leer porque en realidad es así, tu vida la **construyes tú, pero basada en tus pensamientos más frecuentes, ahora lo entenderás**.

Todo lo que tienes y eres en tu vida lo has atraído a ella por la fuerza de tus ideas, pensamientos y sentimientos, y siempre bajo tu sistema de creencias.

Si tuviéramos que reformular la frase quedaría así "tú eres el arquitecto de tu vida y tus ladrillos son tus creencias y tu mente interna".

"Cada uno de nosotros es Dios. Cada uno de nosotros lo sabe todo. Solo necesitamos abrir nuestras mentes para escuchar nuestra propia sabiduría", BUDA.

Albert Einstein afirmaba que "la imaginación lo es todo, una visión anticipada de la vida que vendrá".

Incluso en la BIBLIA (libro maestro de la metafísica) se nombra en Mateo 7-7,8: *"Pedid y se os dará; buscad y hallaréis; llamad y se os abrirá. Porque todo aquel que pide, recibe y el que busca, halla y al que llama se le abrirá".*

Estimado lector, lo que te voy a enseñar en este capítulo es conocido por poca gente y de esa poca gente, dominado por pocos, pero cuando entiendas las leyes universales, verás que tienes el poder más grande que existe en esta Tierra, porque las leyes universales permiten entender tu realidad y modificarla. **"El Universo es mental, lo que piensas se manifiesta" (Ley del mentalismo).**

Si quieres cambiar tu vida, cambiar tu realidad, esta solo puede cambiar en tu interior y posteriormente en tu exterior.

El Kybalión: el origen del conocimiento

El Kybalión es un documento de 1908 que resume todas las enseñanzas del hermetismo, conocidas como los siete principios del **hermetismo (las siete leyes universales)**. Su autoría se atribuye a un grupo anónimo de personas autodenominados *Los Tres Iniciados* y, por su estilo, se considera que el autor que así firmó fue William Walker Atkinson.

Su contenido, base del movimiento del siglo XX llamado Nuevo Pensamiento, está vinculado con el hermetismo y se vincula a un alquimista místico y deidad de algunas logias ocultistas llamado Hermes Trismegisto, a su vez relacionado con la deidad egipcia Thoth; y cuya existencia se estima en Egipto antes de la época de los faraones y, según la leyenda, fue guía de Abraham.

Los conocimientos ocultos que vamos a desarrollar en este libro fueron percibidos a lo largo de la historia por muy pocas personas, incluso organizaciones secretas mantenían los conocimientos en "secreto" para que pocos fueran los afortunados.

Los miembros de esas organizaciones mantenían **el secreto del triunfo** para un grupo muy selecto de personas que ellos mismos escogían, siendo estas personas las que dominaron el mundo (banqueros, filósofos, científicos, etc.). San Germán, Newton, Shakespeare, Platón, Edison, Einstein, Buda o incluso el maestro Jesucristo fueron los afortunados alumnos de estas doctrinas.

Durante la Edad Media y el Renacimiento los escritos atribuidos a Hermes Trismegisto, conocidos como *Hermética,* gozaban de gran crédito y eran populares entre los alquimistas. La tradición hermética, por lo tanto, se asocia con la alquimia, la magia, la astrología y otros temas relacionados.

Hoy en día y gracias a la cantidad de escritores que hablan sobre este tema, el conocimiento secreto está al alcance de todos, pero muy pocos lo eligen (solo el 3%).

Hermes Trismegisto: el fundador de la alquimia

"Por esto soy llamado Hermes Trismegisto, porque poseo las tres partes de la sabiduría y filosofía de todo el Universo".

Una de las figuras helenísticas más legendarias que resultó en una combinación entre el dios griego Hermes y el dios egipcio Thoth. Es el supuesto autor del libro *Hermética* una colección de diversos textos medievales donde está presenta la base filosófica del "hermetismo".

Etimología

Su nombre es probablemente derivado de "herma", palabra del griego antiguo que significa "piedra" o "roca". De hecho, "herma" era también un objeto sagrado conectado con el culto de Hermes, el dios mensajero y de la fertilidad.

Por otro lado, "Trismegisto" significa "tres veces grande" en griego antiguo. Este epíteto se ve en la obra *Legatio* de Atenágoras de Atenas, y otros se lo atribuyen al epíteto de Thoth de quien se decía:

"¡Thoth el grande, el grande, el grande!".

En la literatura griega, Hermes era el hijo de Zeus y de la ninfa Maya, y en la literatura romana era identificado como Mercurio. También puede hacer referencia a los Cabiros, que eran antiguas deidades de Grecia relacionadas con el mito de Hefesto; en este sentido, Hermes puede vincularse con Casmilus o Cadmilus.

El centro más temprano de su adoración puede situarse en Arcadia, donde el Monte Cirene fue reputado de ser su lugar de nacimiento. Era especialmente adorado por ser el dios de la fertilidad, y así se puede ver en sus imágenes que eran siempre falocéntricas.

Se dice que Hermes habría reencarnado en la época de Abraham siendo su contemporáneo. De hecho, se dice que Abraham habría tomado los conocimientos del mismo Hermes Trismegisto.

Escritos herméticos

Los escritos herméticos son la revelación de los ocultos teológicos y conocimientos filosóficos atribuidos al dios egipcio Thoth (Hermes en la mitología egipcia). En Egipto, a Thoth se le creía el inventor de la escritura y el patrón de todas las artes y autor de las obras de la *Hermética*.

Las enseñanzas herméticas fueron transmitidas desde civilizaciones del mundo antiguo, por ejemplo, impartidas en la Universidad de Heliópolis en la que se formó Moisés, incluso Jesucristo, descendiente de Enoch, pasó varios años oculto en el monasterio Esenio de Qmarán donde fue educado con estas enseñanzas.

Algunos ejemplares con los que estudiaba Jesucristo lograron ser salvados (La iglesia mandó quemar todos los escritos que contuvieran cualquier vestigio de Hermes) y se ocultaron en unas cuevas *Los manuscritos del mar Muerto.*

Los *Manuscritos del Mar Muerto o Rollos de Qumrán,* llamados así por haberse encontrado en cuevas situadas en Qumrán (Cisjordania), a orillas del mar Muerto, son una colección de 972 manuscritos. La mayoría data del año 250 a. C., al año 66 d. C., antes de la destrucción del Segundo Templo de Jerusalén por los romanos en el año 70 d. C.

Los manuscritos están redactados en hebreo y arameo casi en su totalidad, solo con algunos ejemplares en griego. Los primeros siete manuscritos fueron descubiertos accidentalmente por pastores beduinos a finales de 1946, en una cueva en las cercanías de las ruinas de Qumrán, en la orilla noroccidental del mar Muerto. Posteriormente, hasta el año 1956, se encontraron manuscritos en un total de once cuevas de la misma región.

Algunos de ellos constituyen el testimonio más antiguo del texto bíblico encontrado hasta la fecha. En Qumrán se han descubierto aproximadamente doscientas copias, la mayoría muy fragmentadas, de todos los libros de la Biblia hebrea, con excepción del Libro de Ester (aunque tampoco se han hallado fragmentos de Nehemías, que en la Biblia hebrea forma parte del Libro de Esdras). Del Libro de Isaías se ha encontrado un ejemplar completo.

La expresión más clara del modo como los contemporáneos de Jesús interpretaban las Escrituras aparece en los manuscritos del mar Muerto, manuscritos copiados entre el siglo II a. C., y el año 60 d. C., en un período bien próximo al del ministerio de Jesús y de la formación de los Evangelios.

Desde el punto de vista de la forma y del método, el Nuevo Testamento, en particular los Evangelios, presenta grandes parecidos con Qumrán en el modo de utilizar las escrituras.

El uso similar de la escritura deriva de una perspectiva de base parecida en las dos comunidades, la de Qumrán y la del Nuevo Testamento. Una y otra tenían la convicción de que la plena comprensión de las profecías había sido revelada a su fundador y transmitida por él: en Qumrán, "el Maestro de Justicia"; para los cristianos, Jesús.

La Tabla Esmeralda

La Tabla de Esmeralda es un texto breve, de carácter críptico, atribuido al mítico Hermes Trismegisto, cuyo propósito es revelar el secreto de la sustancia primordial y sus transmutaciones.

Se compone de doce tablillas de color verde esmeralda formadas por una sustancia creada por transmutación alquímica, el material del que están hechas las tablillas es imperecedero, además de resistente a todos los elementos y sustancias.

Existen tres leyendas de sobre cómo fue hallada la Tabla de Esmeralda, la primera es que Alejandro Magno encontró la tumba de Hermes y copió en una tablilla los signos que halló en la Esmeralda original que cubría el cuerpo de este, dejando intacto el lugar y luego borrando todas las huellas.

La segunda versión cuenta que fue encontrada por la esposa de Abraham, Sara, también en la tumba de Hermes. Por último, algunos indican que fue Apolonio de Tiana, un filósofo griego, quien encontró la tabla en una cueva bajo tierra.

En la Tabla de Esmeralda de Hermes se encuentra escrito lo siguiente:

Preceptos de Hermes Trismegisto: 1

I. Lo que digo no es ficticio, sino digno de crédito y cierto.

II. Lo que está más abajo es como lo que está arriba, y lo que está arriba es como lo que está abajo. Actúan para cumplir los prodigios del Uno.

III. Como todas las cosas fueron creadas por la Palabra del Ser, así todas las cosas fueron creadas a imagen del Uno.

IV. Su padre es el Sol y su madre la Luna. El Viento lo lleva en su vientre. Su nodriza es la Tierra.

V. Es el padre de la Perfección en el mundo entero.

VI. Su poder es fuerte si se transforma en Tierra.

VII. Separa la Tierra del Fuego, lo sutil de lo burdo, pero sé prudente y circunspecto cuando lo hagas.

VIII. Usa tu mente por completo y sube de la Tierra al Cielo, y, luego, nuevamente desciende a la Tierra y combina los poderes de lo que está arriba y lo que está abajo. Así ganarás gloria en el mundo entero, y la oscuridad saldrá de ti de una vez.

IX. Esto tiene más virtud que la Virtud misma, porque controla todas las cosas sutiles y penetra en todas las cosas sólidas.

X. Este es el modo en que el mundo fue creado.

XI. Este es el origen de los prodigios que se hallan aquí [¿o, que se han llevado a cabo?].

XII. Esto es por lo que soy llamado Hermes Trismegisto, porque poseo las tres partes de la filosofía cósmica.

XIII. Lo que tuve que decir sobre el funcionamiento del Sol ha concluido.

CAPÍTULO CUATRO

LAS 7 LEYES UNIVERSALES QUE VENCERÁN TU REALIDAD

Las 7 leyes universales

Hermes Trismegisto, como hemos leído anteriormente nos dejó la Tabla de Esmeralda, que ya sabes que es un tratado de sabiduría en el que están escritos los siete principios o leyes de equilibrio que rigen el Universo.

El Universo se rige por unas leyes universales o siete principios universales que, si te los aprendes y los practicas en la vida, gozarás de un conocimiento que muy pocos han tenido al alcance.

Nadie puede estar alejado de las leyes, por eso, estimado lector, uno de los principales puntos para despertar a tu alma es conocer el manejo de estas leyes, puesto que, de esta manera, entenderás y razonarás todas las situaciones de la vida. Ya uno de los avances más grandes es querer conocerlas y yo hoy voy a compartirlas contigo.

Si aplicas las leyes universales gozarás de **una paz interna abrumadora**, serás una persona positiva, magnética, serás feliz porque habrás entendido el manejo de esta vida, podrás cambiar tu realidad, podrás entender a tu alma, podrás escuchar tu YO interior, podrás acceder a la abundancia divina en las tres áreas maestras (salud, dinero y amor), alcanzarás un estado de sabiduría inexplicable, pero, sobre todo, querido lector, te aseguro que desearás enseñar a todos los demás.

Cuando dominas estas leyes, dominas el mundo y enseñarás a la gente a dominarlo (despertar de tu alma).

Encontrarás muchos libros que explican las leyes universales de forma teórica y yo voy a transformar ese contenido teórico en un contenido práctico para que la comprensión de las mismas sea sencillo para ti.

Vamos a por ellas:

1.-Ley de mentalismo: El todo es mente; el Universo es mental.

2.-Ley de correspondencia: Como es arriba, es abajo; como es abajo, es arriba.

3.-Ley de vibración: Nada descansa; todo se mueve; todo vibra.

4.-Ley de polaridad: Todo es dual; todo tiene polos; todo tiene su par de opuestos; semejante y desemejante son lo mismo; los opuestos son idénticos en naturaleza, pero diferentes en grado; los extremos se encuentran; todas las verdades no son sino medias verdades; todas las paradojas pueden ser reconciliadas.

5.-Ley de ritmo: Todo fluye, fuera y dentro; todo tiene sus mareas; todas las cosas suben y bajan; la oscilación del péndulo se manifiesta en todo; la medida de la oscilación hacia la derecha es la medida de la oscilación hacia la izquierda; el ritmo compensa.

6.-Ley de causa y efecto: Toda causa tiene su efecto; todo efecto tiene su causa; todo sucede de acuerdo con la ley. Casualidad no es sino un nombre para la ley no reconocida; hay muchos planos de causa, pero nada se escapa a la ley.

7.-Ley de género: El género está en todo; todo tiene sus principios masculino y femenino; el género se manifiesta en todos los planos.

Te adelanto, estimado lector, que particularmente la ley más complicada de manejar y la que más impacto produce en la sociedad es sin duda, la ley del ritmo porque engloba muchos de los resultados que se producen en nuestra vida, luego ahondaré más en el tema.

1.- LEY DEL MENTALISMO

"El Todo es Mente; el Universo es mental"

Ley del mentalismo: "El todo es mente, el Universo es mental", lo que piensas se manifiesta.

"EL que comprenda la única verdad, que el Universo es mental, está muy avanzado en el sendero del adepto. De la forma que puedas dirigir, concentrar y utilizar tu calidad mental, dependerá tu desarrollo y triunfo en esta vida", EL KYBALIÓN.

Como ya hemos dicho, tu subconsciente gobierna el 95% de tu vida en piloto automático por unos patrones de conductas grabados en él. Si el principio del mentalismo nos explica que el Universo es mental, **TUS PENSA-MIENTOS PREDOMINANTES** son los que crearán tu vida ¿y cuáles son esos pensamientos predominantes? **TUS CREENCIAS INCONSCIENTES.**

Los expertos argumentan que tenemos unos **se-senta mil pensamientos diarios**, y la mayoría son negativos. Pensar y pensar, lo hacemos constantemente, todos los días. Miles de ideas se cruzan en nuestra mente, tanto que los estudios científicos han determinado que podemos llegar a tener alrededor de unos sesenta mil pensamientos al día.

Si constantemente estamos pensando pensamientos negativos, estos pensamientos generan una vibración energética negativa y que por ley de la atracción (atraemos energías similares) atraeremos más y más cosas negativas, y **MANIFESTAREMOS LO QUE NUESTROS PENSAMIENTOS PREDOMINANTES CONTENGAN.**

El Kybalión nos repite en varias ocasiones que lo que pensamos se materializa o se manifiesta, generando o atrayendo con tus pensamientos y sentimientos todo lo bueno o malo que ocurre en tu vida. Recuerda, el Universo es mental, lo que piensas se manifiesta.

La clave está en entender lo que en metafísica se llama el *efecto proyector*, lo que proyectas se proyecta. Te lo voy a explicar mejor, imagina un cine donde tenemos una sala de proyección en la que se encuentra un proyector que va a proyectar el título de la película de tu vida.

Esa sala es el mundo METAFÍSICO o CUÁNTICO o lo que llaman los metafísicos la CUARTA y QUINTA DIMENSIÓN. En el otro lado del cine se encuentra la pantalla sobre la que será proyectada la película que quieras proyectar, es lo que llamamos el MUNDO FÍSICO O MATERIAL.

Estimado lector, todo lo que ves en esa pantalla es el resultado de la película que has elegido en la sala de proyección y que has introducido en el proyector, es decir, tu mundo físico material es el resultado de tu mundo metafísico o cuántico (tu película a proyectar).

Si no te gusta la película, la cambias en el proyector, no en el escenario, por eso, para cambiar cualquier película de nuestra vida, debemos hacerlo desde nuestro mundo metafísico o cuántico, desde nuestro proyector que será el que emita la película.

Imagina que llevamos tiempo proyectando la película *Mi pareja me va a dejar,* película que ha recibido millones de premios Oscar por su generalidad en la sociedad. Esta película la has elegido porque en tu día a día hablas con gente que su pareja ha sido infiel, o con separados o con gente que tiene una creencia negativa respecto a las relaciones.

Por repetición y alto impacto emocional tu subconsciente capta el mensaje de la película y adapta tu SAR a que active cualquier indicio de riesgo en tu relación (entonces comienzas a observar cómo viste tu pareja, cómo huele, si se arregla más, si llega tarde, si el coche tiene restos de pelo de cabeza en el apoyacabezas o cualquier posible falso indicio de una infidelidad).

Pues bien, ya tenemos claro el título de la película que vamos a proyectar LA INFIDELIDAD DE...............". Tus pensamientos y tus emociones son proyectados y bien armados desde tu plano metafísico (tu cabeza) y se genera una película que se proyecta en la sala de cine de tu vida a máxima definición HD. ¿Qué sucede?, que tu pareja te deja o te es infiel. Tú, estimado lector, has seleccionado la película que has querido proyectar en tu vida, tú eres el resultado de tus pensamientos, no lo dudes.

Todo lo que sucede o se crea en el plano metafísico o cuántico (en tus pensamientos) se proyecta en el plano físico o material. Si no te ha quedado claro el ejemplo del cine, te pongo el ejemplo que mi mentor Lain García Calvo denomina *la teoría del espejo dual.*

Lain comenta que, si apreciamos un espejo, en el lado derecho está el reflejo, el plano o mundo material o físico y en el otro lado del espejo (lado izquierdo) se encentra el mundo metafísico o cuántico.

Todo lo que sucede primero en el mundo metafísico cuántico, se reflejará en el mundo físico o material en forma de relaciones exitosas o fracasadas, economía abundante o limitada o salud, igualmente, abundante o limitada.

El mundo metafísico se genera con tus pensamientos y tus emociones que gracias a las acciones forman los resultados en el mundo físico o material.

El Universo es cíclico

Uno de los conceptos más importantes que siempre he valorado de mis maestros es el concepto de *Universo cíclico*. El Universo siempre trabaja de forma circular y cíclica, lo que hagas por los demás te regresa a ti.

Este concepto es de vital importancia porque te permitirá entender que lo que hagas por los demás te será devuelto y lo que tú estás haciendo ahora mismo que es formarte en estos temas tan importantes para tu vida y la de los demás, con seguridad te será devuelto.

Toda inversión que hagas en tu vida para aprender, entender y evolucionar será una inversión que como resultado te permitirá ayudar a los demás y con seguridad se te devolverá con creces.

Es el guardián de tus pensamientos

La primera de las tareas que tenemos que hacer es hacer consciente nuestro subconsciente y analizar cuando tenemos pensamientos negativos. Esta tarea es difícil porque la mayoría de los pensamientos negativos funcionan en modo automático basado en el comportamiento de nuestro subconsciente.

Cuando identifiquemos un pensamiento negativo, debemos reconocerlo, cuestionarlo y modificarlo, sustituyéndolo por uno positivo.

Cómo cambiar un pensamiento negativo

Una vez que hemos identificado el pensamiento negativo y clasificado como tal, automáticamente si es un pensamiento grave pienso y decreto "NO LO ACEPTO, DECRETO que la verdad es: ...GRACIAS, GRACIAS, GRACIAS".

Estimado lector, no permitas consentir que tu mente atente contra ti de esta manera, ataca y contraataca a estos pensamientos de miedo con alta densidad de vibración negativa y no solo harás que tu mundo sea mejor sino también el de los demás.

Cuando un pensamiento negativo es esporádico no le doy ni la más mínima importancia, es más, me río de él literalmente (transmutación y cambio de polaridad), pero si ese pensamiento negativo puede impregnarse en mi subconsciente con la repetición y alto impacto emocional lo destruyo de inmediato.

Cómo polarizar una realidad negativa en positiva

Tu realidad, tus creencias, ¿cómo vencer tu realidad negativa en un día de esos malos que todos tenemos? Todos tenemos días malos, días en los que entramos en una especie de espiral negativa en la que todo nos sale mal.

Cuando tengamos un día de estos lo primero que debemos hacer es ser "conscientes" de lo inconsciente, es decir, darnos cuenta de nuestra "realidad" de ese momento. Cuando te das cuenta con exactitud del tipo de situación o sensación que estás viviendo en este momento, ya tienes o tendrás la capacidad de cambiarla o transmutar la energía negativa en positiva.

Te voy a poner un ejemplo que me cambió mi día a día. Vivo en Madrid, cada mañana al ir a trabajar posiblemente podía estar casi dos horas en un atasco. La realidad de la situación es que estás atascado y tienes dos maneras de tomártelo:

-**Manera 1:** Enfadarte, gruñir, maldecir a tus "vecinos" automovilísticos o "saltar" ante cualquier situación. En este momento estás polarizando en una energía negativa, estás vibrando en lo que se llama una interferencia negativa.

-**Manera 2**: Subes la ventana, te relajas, "tienes un tiempo para ti a solas", te pones un audiolibro, música clásica o llamas a tu mejor amigo. Dos horas diarias en un atasco son diez horas a la semana de "aprendizaje", cincuenta horas al mes...

La realidad es la misma, un atasco, pero TU realidad ya no es la misma, es decir, tú puedes "vencer tu realidad", en este caso y vivir más tranquilo.

El problema de vibrar en negativo es que "contagias" a los demás con tu energía. Yo puedo captar nada más entrar en un sitio, si ese sitio tiene energía negativa e incluso puedo identificar el alma que la irradia.

Estimado amigo, déjame que te cuente una anécdota personal. Verás, por mi trabajo he visitado en varias ocasiones las casi cuatrocientas clínicas que la compañía para la que trabajo tiene repartidas por España.

Cada vez que entraba en una de las clínicas era capaz de identificar el "ambiente energético" de esa clínica y de la persona o personas que lo generaban.

Por favor, te voy a dar un consejo, no dejes que nadie te robe la energía, los chupópteros energéticos o vampiros energéticos son almas muy inmaduras que requieren de tu energía como "gasolina" diaria y te aseguro que si no eres consciente pueden acabar contigo.

Para poder cambiar, transmutar o polarizar tu energía negativa en positiva lo primero ya hemos dicho que es identificar si lo que sientes en tu realidad en ese momento es negativo o positivo.

Una vez lo hagas, debes sentir esa sensación (haces consciente el inconsciente) y una vez que la sientas, agradece que es parte de una experiencia que tienes que vivir, de esa forma estarás quitándole la importancia que tiene y por lo tanto cuando quitas importancia o energía a algo, inmediatamente desaparece. Te voy a enseñar cómo:

Supón que te enfadas con tu pareja porque has pautado reunirte con un grupo de amigos, faltan treinta minutos para la hora que has quedado a cenar en el restaurante (te han avisado que debido a la demanda tienes que ser puntual) y en ese momento estás saliendo de tu casa que está a cuarenta y cinco kilómetros del restaurante, es decir, que con suerte entre que encuentras sitio, etc., vas a llegar treinta minutos tarde.

Estimado amigo, este episodio me ha pasado varias veces (y antes no sabía polarizarlo o transmutarlo). Volvamos a la situación, os subís en el coche y el GPS marca que llegas treinta minutos tarde, lo que te genera un enfado monumental con una irradiación de energía negativa que atrae por ley de la atracción, un atasco donde nunca antes ha existido, o una serie de incidencias que nunca antes te hubieras imaginado, generando por una espiral negativa aún más enfado, aún más acontecimientos negativos…

A partir de ahora vamos a transmutar esta energía. Lo primero que debes hacer es:

1.- Identificar la sensación: "*ok*, me estoy enfadando mucho porque no soporto llegar tarde a los sitios". "Tengo ganas de sacar a mi pareja del coche y darme la vuelta".

2.- Piensa inmediatamente qué experiencia te está dando el Universo para poder agradecer o entender, en este caso: "*ok*, el Universo me está regalando la experiencia de la paciencia y de la comprensión, comprendo que mi pareja necesita tiempo para maquillarse porque quiere estar más guapa o comprendo que mi pareja (si es hombre), necesita más tiempo para afeitarse y perfilarse la barba para estar guapo para mí, en definitiva, ella o él han tenido un error de cálculo de tiempo".

3.- Piensa si tu problema te va a causar la muerte: "¿Llegar tarde va a generar la muerte en mi persona?... ¡No!

4.- Agradece al Universo y a la persona que te ha provocado el sentimiento:

"Gracias, Universo, por darme esta lección de humildad comprendiendo la situación y permitiendo que no fastidie la velada a mi pareja ni a mis amigos". "Yo no acepto enfadarme, acepto que la verdad sea... estar esta noche contento". GRACIAS, GRACIAS, GRACIAS.

-"Gracias, XXXXXX, por estar vivo y/o por ser mi pareja esta noche". Esto es esencial, querido amigo, porque cuando ya no estás con esa pareja por la causa que sea te doy mi palabra que acabas recordando cada uno de los momentos que pasaste con ella o con él. Vive, por favor, el aquí y el ahora.

Es primordial que aprendamos a vivir en armonía en el aquí y en el ahora, porque, cada segundo que pasa de tu vida es un segundo que debes haber invertido en tu aprendizaje o en el de los demás.

Yo, antes de mi despertar, maldecía todo lo que se movía y recuerdo la misma escena que te acabo de comentar con mi expareja y de arrepentirme toda la vida por haber arruinado una cena simplemente por salir tarde porque no entendí que ella solo quería arreglarse para la ocasión.

Cómo cambiar tu realidad: tu carta al Universo

Ya hemos estado hablando de la realidad, de tu realidad, de tu verdad, lo que sí está claro de todo esto es que vamos a seleccionar tu aquí y tú ahora, es decir, tu realidad presente y si la tenemos que cambiar vamos a por ello.

Vence tu realidad pretende que despiertes de tu inconsciencia y que cada vez te vuelvas un ser más espiritual, que puedas disponer de toda la abundancia que el Universo tiene para ti y así tú se la darás a los demás. No puedas dar lo que no tienes, recuérdalo.

Para cambiar tu realidad, lo primero que tienes que hacer es cuestionarte ¿cuál es tu realidad? Necesitas tener una claridad y una guía de tu vida, lo que quieres llegar a ser para poder cambiar ya que no puedes cambiar algo que no sabes o no conoces. Si yo quiero transformar mi comportamiento, debo haber entendido cuál es mi comportamiento, evaluarlo y luego, tener claridad de lo que quiero conseguir.

Para transformar tu realidad, tienes que hacer los siguientes pasos:

1.- Identifica y haz una valoración de la vida que tienes en las tres áreas maestras (amor, dinero y salud). Yo lo que hice fue apuntar en una libreta que compré la situación de mi "realidad" en ese momento.

Estimado lector, hazlo de verdad, de corazón, esto se trata de hacerlo a solas y con tu interior, contigo mismo. Mi recomendación es que lo hagas en un sitio que te genere tranquilidad y que puedas introducirte en tu búsqueda interior.

2.- Una vez tengas claramente identificadas tus debilidades, haz lo que se denomina "una carta de intenciones al Universo". ¿Esto qué significa? Bueno, ya sabemos que lo que piensas se manifiesta según la primera ley universal que es la ley del MENTALISMO. Vamos a escribir una carta de lo que queremos SIN LIMITACIONES en nuestra vida en los próximos seis años en las tres áreas maestras. Necesito que tengas claro lo que quieres ser, cómo serás, tu trabajo soñado, tu pareja ideal, tu coche o coches ideales, tu cantidad de dinero estimada, etc.

El problema en este punto parte cuando es muy probable que no tengas ni idea de lo que quieres ser en seis años. Esto es normal, para elaborar este punto necesitas tiempo y sobre todo QUE TE LO CREAS, porque si no te lo crees, no podrás mentir al Universo.

Estamos hablando de seis años, no de seis días, seis años dan para cambiar una vida entera. Uno de mis mentores es Tony Robbins y él siempre cuenta que una vez se dirigía volando en su helicóptero privado a uno de sus eventos, a los que acuden más de 3000 personas (pagando cada uno 10 000 dólares de media), y mientras volaba observó una gran caravana de coches que se había formado varios kilómetros antes del lugar del evento. Tony tenía miedo que por motivo de la caravana la gente no llegase a tiempo a su evento.

La caravana de coches era la caravana que formaba el público que acudía al evento, es decir, Tony no solo se vio volando en su helicóptero privado, por encima del edificio en el que años atrás era el portero, sino que el tráfico que se había formado eran las miles de personas que acudían a verlo y todo esto sucedió en un ciclo de menos de diez años.

Si Tony pudo, tú y yo podemos, pero para ello necesitamos tener claridad absoluta de lo que queremos.

Cuando era pequeño siempre fantaseaba con la lámpara del genio, aquella que frotabas y salía un genio que te invitaba a que pidieras tres deseos… Yo siempre fantaseaba que el último deseo fueran otros diez deseos más, pero creo que esa petición en esa casuística no funcionaba, pero en tu vida ¡SÍ se puede! Podemos pedir todo lo que queramos, el UNIVERSO ES ILIMITADO, no se agota.

Mi recomendación es que cuando hagas tu carta de intenciones al Universo la escribas con un buen bolígrafo, puesto que estarás transmitiendo vibraciones desde el principio y creo que has entendido que puedes pedir lo que quieras, pero confía en mí, hazlo con calidad y elegancia desde el principio.

Ni se te ocurra escribirla a lápiz y menos en un folio que puedas perder, ¡estamos hablando de tu futuro!, no de la lista de la compra.

¿Cómo se hace una carta de intenciones?

Supongo que a estas alturas ya te has comprado la libreta y el bolígrafo de calidad.

Pues bien, vamos a empezar:

1.- Lo primero, divide tus deseos en tres categorías que son las tres áreas maestras por derecho de nacimiento, amor dinero y salud. Luego puedes rellenar con otras categorías que quieras o sientas que debes especificar.

2.- Escribe tus deseos en una hoja con letra clara. Como hemos comentado anteriormente debes dividir las tres áreas maestras.

3.- Debes empezar con un decreto que a mí me ha funcionado a la perfección, lo aprendí del libro de Conny Méndez, *Metafísica 4 en 1* y que te recomiendo con los ojos cerrados.

Conny nos enseña un decreto que debes formular cada vez que pidas tu carta de deseos. El decreto escrito y leído empieza así: *"YO DESEO... (tu deseo) ... en ARMONÍA CON EL UNIVERSO y de acuerdo a la VOLUNTAD DIVINA, bajo la GRACIA y de manera perfecta, GRACIAS, PADRE, POR OÍRME, gracias, gracias, gracias".*

Por ejemplo, si el deseo número uno de tu lista es tener en seis años, un millón de euros, decreta: "yo deseo tener en el año 2027, un millón de euros, en armonía con el Universo y de acuerdo con la voluntad divina bajo la gracia de manera perfecta, gracias, padre, por oírme, gracias, gracias, gracias".

Así con cada uno de los deseos de la lista.

3.- **Escucha atentamente,** debes, de manera imperativa, pensar un plan de ayuda a las demás personas porque de lo contrario solo estarás visualizando cosas materiales que con seguridad si no aportan nada a los demás, el Universo se encargará de quitártelas. DEBES dentro de tus planes de vida diseñar un plan de ayuda hacia tus almas hermanas.

4.- Una vez tengas tu carta al Universo completamente creada, te recomiendo que cada día visualices cada una de las líneas o deseos como si ya los tuvieras. Te recomiendo que la leas al irte a dormir, recién levantado y si quieres a primera hora de la tarde después de comer. Estas horas son horas de más relajación.

Esto es lo más trascendental, **tienes que creer que ya lo tienes, sentirlo, no desearlo. Este punto lo aprendí de mi mentor Lain García Calvo, y hablaremos de ello más detenidamente en páginas posteriores.**

5.- **Sobre todo ten FE**, mucha fe, sabes que el Universo te lo va a regalar, no lo dudes. Cuidado si no tienes fe, la frecuencia vibratoria del pensamiento que emanes al universo será una vibración negativa, o al menos no positiva, y el "pedido" al Universo se anulará.

Piensa en el símil de una comida o cena en un restaurante, imagina que cada vez que viene el camarero le pides un plato diferente y anulas el anterior. Amigo mío, sé firme en tu deseo, pues recuerda, ya lo tienes, ¿verdad?

La creación cuántica: antes de alcanzar un resultado siempre debes agradecerlo

Estimado lector, este es uno de los puntos más importantes de este manual de vida. Debes AGRADECER tu sueño ANTES de conseguirlo.

Cuando nos preguntan por qué estamos agradecidos siempre contestamos con las mismas respuestas: "por mi familia, por tener dinero, por tener salud, por tener una mujer así, una casa, un coche, y un largo etcétera", pero realmente ¿crees que podemos agradecer un sueño antes de haberlo alcanzado?

La física cuántica establece que cuando un pensamiento se acompaña de una emoción genera la activación de la ley de la atracción cuántica, pero falta un ingrediente mágico en la ecuación: AGRADECER ANTES de tenerlo.

Cuando te encuentras en un estado de gratitud le transmites al campo la señal que esta situación ya ha ocurrido. Es importante que te creas que ya lo tienes, que lo recuerdes cuando lo conseguiste y que sobre todo lo agradezcas.

El efecto del *boomerang* cuántico

Existe un principio básico en metafísica que es el principio del *boomerang* cuántico o lo que recibimos es el resultado de lo que enviamos. Si cuando sufrimos o hemos sufrido emitimos una frecuencia vibratoria de carencia energética que impregna el Universo dejando una huella energética en el campo cuántico.

La inteligencia Universal nos responderá enviando a nuestra vida otro evento que reproducirá la misma respuesta intelectual y emocional.

Las tres dimensiones según tu estado de conciencia

Para la física, las dimensiones están relacionadas a la longitud, la extensión y el volumen de los objetos: vivimos en un mundo de "tres dimensiones". Sin embargo, la física es algo tan increíble que ha desvelado a muchos durante siglos; tanto a científicos como a quienes están más interesados en la parte espiritual de nuestra existencia.

Para algunos de ellos, otras dimensiones existen en un plano que no podemos ver con nuestros ojos. Nos referimos a las dimensiones que tienen que ver con nuestra evolución espiritual y que no son lugares en sí, sino estados de conciencia, las llamadas cuarta y quinta dimensión.

La tercera dimensión es lo que llamamos **plano físico o material** y es en la que vivimos físicamente. En esta dimensión realizamos toda nuestra vida, nuestras relaciones, nuestra salud, nuestro dinero. Es lo que yo llamo la *dimensión durmiente*, porque en ella siempre actuamos en piloto automático, con base en nuestras creencias y programas subconscientes y con el SAR activado como radar de conducción.

Lo que sucede en la tercera dimensión es un reflejo de lo que sucede en la cuarta dimensión

Lo veremos en la ley de correspondencia, como es arriba (quinta y cuarta dimensión) es abajo (tercera dimensión), como es abajo (tercera dimensión) es arriba.

Todo lo que tenemos en esta vida es producto de nuestros pensamientos, el Universo es mental, lo que piensas se manifiesta.

La dimensión física es el escenario de la película, es donde nosotros los actores realizamos el papel que nuestra mente subconsciente quiere que hagamos, por eso es tan importante hacer consciente el inconsciente.

La cuarta dimensión

La cuarta dimensión es la que se denomina SUB-CONSCIENTE. Aquí es donde encontramos la causa inicial de lo que hoy es tu vida en la tercera dimensión.

¿Sabes lo más curioso? Que la cuarta dimensión desde el punto de vista cuántico es un gran receptor de todos los pensamientos de cada una de las personas que viven en la Tierra, es una antena receptora que genera cambios vibracionales de energía según la energía que emite la vibración de las personas. **La cuarta dimensión también se denomina *subconsciente colectivo*** porque todos los pensamientos de la sociedad van a parar aquí. ¡Cuidado que de la cuarta dimensión estos pensamientos pueden bajar a la tercera dimensión y materializarse…!

En la cuarta dimensión se encuentran arraigadas tus creencias, tus emociones y tus pensamientos creando redes energéticas cuánticas denominadas *paradigmas.* Los pensamientos que tengas suben a la cuarta dimensión y desde ahí bajan a la tercera dimensión, al plano físico o material. Por eso, estimado lector, según tus creencias, obtendrás tus resultados (como es en la cuarta dimensión es en la tercera, en el plano físico). Recuerda la fórmula:

CREENCIAS-PENSAMIENTOS-EMOCIONES-ACCIONES- RESULTADOS. Las creencias se encuentran en la cuarta dimensión y tus resultados en la tercera dimensión, pero cuidado, como expliqué antes, de la tercera dimensión puedes ascender a la cuarta, de tus resultados puedes generar unas creencias, eso es lo que llamamos experiencias.

Si tienes una experiencia positiva en referencia a un tema en especial, tus resultados formarán tus creencias (por alta repetición y alto impacto emocional), generando un ciclo cerrado reiterante y repetitivo.

Te voy a poner un ejemplo, eres un chico de quince años de edad que está tremendamente enamorado de su compañera de clase y coinciden en la noche de fin de curso. Tú estás con tus colegas que te incitan a que vayas y entables una conversación con ella porque sabes que, si no lo haces tú, lo harán otros por ti. Bueno, pues te decides a ir hacia ella temeroso de lo que digan tus amigos, pero, querido amigo, ella te rechaza.

En el momento en que ella te rechaza tu cerebro subconsciente activa la etiqueta de DOLOR y al ver a tus amigos reírse de la situación se genera un ALTO IMPACTO EMOCIONAL. Resultado: esa chica te ha marcado para el resto de la vida como un acto doloroso y que genera un sufrimiento emocional grande.

Según este resultado en el plano físico (tercera dimensión), se eleva a la cuarta dimensión (donde están tus creencias) y se archiva generando tu creencia ("no tengo éxito con las mujeres"). Esa creencia de la cuarta dimensión baja a la tercera dimensión (plano físico) y causará un RESULTADO, tu realidad o tu resultado final en este tema, ¿lo ves? Todo está relacionado.

Todo lo que generes en la cuarta dimensión descenderá a la tercera, sin duda alguna.

Otro tema que me resulta muy curioso en referencia a la cuarta dimensión es el tema de la economía… Cuando los que nos manipulan quieren crear una crisis económica mundial es muy sencillo:

1.- **Emiten PROGRAMAS** en los telediarios informando repetitivamente y con imágenes con alto impacto emocional (gente perdiendo sus casas, hambruna, desabastecimiento en combustibles que generen calefacción (frío), desabastecimiento de alimentos (hambre) durante al menos veintiún días (lo que tarda en formarse una creencia o un hábito).

2.- Tú y toda la humanidad comienza a sentir miedo y emite una vibración negativa de escasez, miedo y pobreza.

3.- Por ley de la atracción, (vibraciones similares vibran juntas y atraes vibraciones similares), atraerás a tu vida justo lo que simboliza con las carencias que te están programando.

4.- Si somos muchos actuando y sintiendo igual, ¿qué crees que sucederá? Una crisis mundial.

5.- Los ricos se hacen más ricos porque dan la espalda al reflejo y su mentalidad va muy por encima de lo normal, aprovechando que todo el mundo está "hipnotizado" para poder acelerar sus riquezas.

Así es cómo funciona el subconsciente colectivo, estimado lector.

Mi objetivo con este libro es que SIEMPRE hagas consciente TU inconsciente y el inconsciente colectivo en el que quieren basar TU realidad, por eso crea tu mundo y no el de los demás; tu mundo es tuyo, tu mundo interior crea tu mundo exterior, no te dejes manipular por los demás, por favor, amigo mío.

Los seres humanos son cautivados por el reflejo del espejo, porque desde siempre nos han enseñado a "ver para creer".

Jesús decía a sus apóstoles: "vosotros sois de abajo, yo soy de arriba; vosotros sois de este mundo, yo no soy de este mundo".

Jesús dejaba claro que el mundo interior crea el mundo exterior y el mundo interior era el verdadero REINO de DIOS que todos buscaban afuera, en el plano físico, estando en el interior de tu corazón.

La cuarta dimensión también se percibe en un área específica regional como puede ser un barrio o un pueblo. Lamentablemente, querido amigo, ¿has notado en alguna ocasión cuando acudes a un barrio de pobreza económica la vibración que emiten sus habitantes?...

Todos los que tienen un problema económico emiten una vibración negativa de escasez y necesidad lógica que sumado a muchos miembros de ese barrio en concreto, cuando pasas por él sientes la vibración del subconsciente colectivo... Lo mismo pasa en un barrio muy rico, cuando lo visitas puedes captar la buena vibración de los que lo habitan.

El efecto Pigmalión en los saludos poscovid-19

El efecto Pigmalión, en psicología y pedagogía, se refiere a la potencial influencia que ejerce la creencia de una persona en el rendimiento de otra. Supone, por tanto, algo importante de conocer y estudiar para los profesionales del ámbito educativo, laboral, social y familiar.

Un ejemplo muy curioso del poder de la cuarta dimensión es este efecto. Cuando mucha gente piensa en un mismo tema y actúa acorde a su pensamiento (recuerda según tus creencias son tus resultados) se genera un impacto en el subconsciente colectivo y en un periodo mínimo de tiempo todos empezamos a actuar según esas creencias.

Algo muy típico que me ha llamado la atención es el saludo con las manos en la época poscovid. Este libro como te he comentado se ha tardado en realizar doce meses y en estos momentos en los que me encuentro repasando el libro para su publicación está sucediendo algo que refleja el poder del efecto Pigmalión y la cuarta dimensión.

En la época Covid-19 recordarás que NADIE se atrevía a darse la mano como forma de saludo, incluso, nos inventamos saludos de lo más curiosos y esta tendencia se ha mantenido durante muchos meses hasta que de repente en la pospandemia y en menos de dos semanas TODO EL MUNDO ha empezado a saludarse con un buen apretón de manos o con los dos besos al igual que antaño.

Lo curioso de todo esto es que te des cuenta como hemos pasado por acción del subconsciente colectivo de saludarnos con distancia a saludarnos todos, en menos de dos semanas, con el saludo tradicional.

La cuarta dimensión es la antesala de la tercera dimensión, pero la tercera dimensión también interfiere en la cuarta, tal y como acabamos de ver.

Bienvenido a la quinta dimensión: tu REINO en el CIELO

Estimado lector, llegados a este punto me gustaría pedirte que, por favor, realices conmigo una técnica de recepción energética para que puedas sentir la vibración que quiero transmitirte desde mi más profundo corazón.

En este momento vamos a entrar en la QUINTA DIMENSIÓN, en la mente SUPRACONSCIENTE, en la FUENTE, en el TODO, en la dimensión divina de DIOS. Para entrar a entender esta dimensión necesito que todo sea "mágico" y diferente, por eso te pido que permitas captar la energía que te llegará a través de estas letras ya que así lo he programado.

Relájate, apaga el móvil, ponte en una silla o sillón confortable, cierra los ojos y respira profundamente, una, dos y tres veces. Con los ojos cerrados quiero que digas en tu interior: "Quiero sentir TODA la energía DIVINA que este manual quiere transmitirme, en el nombre del PADRE, gracias".

Una vez abras los ojos, ahora sí, vamos a por ello.

Acabas de entrar en el conocimiento de la QUINTA DIMENSIÓN O dimensión supraconsciente. Esta dimensión es la divina, donde todo es posible, es el mundo de las variables infinitas. Antes hablábamos de cómo cambiar una creencia y comentábamos la necesidad de subir por encima de la tercera dimensión. No nos debemos quedar en la cuarta sino ascender a la quinta dimensión.

¿Por qué acceder a la quinta dimensión?

Porque desde la quinta dimensión podemos elegir y construir el escenario de toda nuestra vida, porque este escenario permite elegir las variables deseadas en los planos amor, salud y dinero y bajarlos a la cuarta dimensión y de la cuarta a la tercera al plano físico o material, según la ley de la CORRESPONDENCIA (como es arriba es abajo).

Una de las preguntas que tendrás es cómo se accede a la quinta dimensión; a la quinta dimensión solo se puede acceder mediante conexión con nuestro YO INTERIOR y ese estado solo se puede conseguir mediante la VISUALIZACIÓN CREATIVA, a través de la conexión de nuestra ALMA CON nuestro YO superior.

En la quinta dimensión todo es posible, todo es sinónimo de amor, de pureza y es nuestro secreto interior mejor guardado.

Para acceder a la quinta dimensión necesitas elevar tu vibración a los niveles más altos y entrenarte, entrenarte mucho para poder alcanzarla, pero eso sí, allí se encuentra tu YO INTERIOR, tu ALMA, tu esencia más divina que te concederá todo lo que en oración le pidas, eso sí, bajo unas condiciones:

Pero, Gustavo, ¿cómo accedo? Con la VISUALIZACIÓN CREATIVA, querido amigo, visualizando, visualizando mucho… Luego te explico con detalle cómo visualizar correctamente, pero ahora toca detallarte las condiciones para que se te conceda todo lo que pidas en oración (en tus visualizaciones):

1.- Debes creer que lo que deseas ya lo tienes, y debes AGRADECER porque te lo han concedido. No dudes ni un ápice, ya es tuyo, agradécelo.

2.- Para acceder a la quinta dimensión, tu ALMA y tu MENTE deben estar de acuerdo, puesto que tu mente genera los pensamientos y si detecta algo procedente de tu deseo almático que NO le "agrada", automáticamente genera un pensamiento racional negativo que genera una interferencia energética y por lo tanto puede interferir en la creación de tu deseo.

3.- Para acceder a la quinta dimensión necesitas vibrar en AMOR, que es la frecuencia vibratoria más pura y lleva la llave que entra dentro de este reino. Si accedes a la quinta dimensión con una sensación de rencor hacia alguien, odio, o cualquier sentimiento de baja vibración, estimado amigo, lo siento, pero NO podrás acceder a su interior.

Para solucionar este punto, lo único que tienes que hacer es, antes de VISUALIZAR, pedir perdón a la gente a la que le has hecho daño y PERDONAR a todos los que te han hecho daño a ti. Es simple.

4.- La quinta dimensión es donde también se encuentran tus guías espirituales, tus maestros, que están deseando que los invoques para poder realizar su trabajo que es ayudarte en este plano.

La importancia de las ondas cerebrales: la autopista al cielo

Ahora que sabes que la quinta dimensión existe y que DEBES llegar a ella para crear tu propia realidad, te explicaré cómo llegar a ella, pero antes vamos a entender, estimado lector, el lenguaje de nuestras neuronas.

Las neuronas se comunican entre ellas a través de pequeños impulsos eléctricos que se pueden medir. A esto le llamamos **ondas cerebrales**. Estas ondas tienen diferentes tipos de frecuencia, unas son más rápidas y otras más lentas. Si se separan a través de filtros, las podemos observar con más claridad.

Para ello, deberemos realizar un electroencefalograma (EEG) registrando la actividad eléctrica cerebral mediante unos sensores colocados en el cuero cabelludo que permiten ver estos potenciales eléctricos en forma de ondas.

La frecuencia de las ondas cerebrales se mide en ciclos por segundo o Hertz (Hz). La corriente eléctrica en Europa tiene una frecuencia de 50 Hz, es decir, cada segundo tiene 50 ciclos.

Las ondas registradas en el EEG, o **mapa cerebral**, se pueden separar en grupos para su estudio. Estas se dividirán según su frecuencia (de más profundo a más despierto).

- **Ondas delta:** con una frecuencia de 0.2-4 Hz

- **Ondas theta:** 4-8 Hz

- **Ondas alfa:** 8-12 Hz

- **Ondas beta:** 12-30 Hz

- **Ondas gamma:** 30-90 Hz

Las ondas delta

Son las ondas (o frecuencias) muy lentas, pero también las que tienen mayor amplitud. Son características de cuando el individuo está dormido y predominan durante el sueño. También se observan en estados de meditación. La producción del ritmo delta coincide con la regeneración y restauración del sistema nervioso central. El sueño es reparador.

Las ondas theta

Predominan cuando los sentidos están procesando información interna y el individuo se encuentra desconectado del mundo exterior, ensimismado. Se presentan también durante la meditación profunda. Son muy importantes durante el aprendizaje y memoria. Se producen durante la transición entre vigilia y sueño.

Producimos theta en estados de intuición o procesando información inconsciente, por ejemplo, procesando traumas, pesadillas o miedos.

Pacientes con problemas de atención suelen tener un exceso de ondas theta. Este exceso puede ser regulado con *neurofeedback*.

Las ondas alfa

Predominan cuando el sistema nervioso central se encuentra en reposo, relajado pero despierto y atento. Si hay déficit de alfa el individuo tiene dificultad para relajarse.

En alfa diríamos que el celebro está en ralentí, relajado, en reposo, pero a la vez listo para la acción si fuera necesaria.

Esta frecuencia ayuda a la coordinación mental, la integración mente/cuerpo, la calma y la alerta.

También, es una frecuencia que el cerebro utiliza como una gratificación después de un trabajo bien hecho. Por ejemplo: si a un individuo se le pide hacer una tarea que requiera atención y concentración, si consigue hacer la tarea correctamente, el cerebro obtiene como gratificación breves ráfagas de alfa.

De hecho, es una autogratificación por un trabajo bien realizado, fenómeno que se denomina *post reinforcement synchronization* y se ha comprobado con pilotos de la NASA. El individuo lo vive como una sensación de éxito, lo que conlleva una minirelajación cerebral y un mensaje de preparación para la próxima tarea.

Las ondas beta

Predominan durante el periodo de vigilia. Aparecen en los estados en que la atención está dirigida a tareas cognitivas externas, al contrario de las ondas theta, las cuales aparecían durante los estados cognitivos internos.

La frecuencia es rápida, está presente cuando estamos atentos y envueltos en la resolución de tareas o problemas cotidianos, también durante la toma de decisiones o cuando estamos concentrados.

Preparativos para acceder a la quinta dimensión mediante la visualización creativa

La visualización es un instrumento de programación mental que crea imágenes en la mente que, eventualmente, son tomadas como algo real, y por lo tanto, tienen el mismo efecto como el resto de nuestras experiencias.

La visualización funciona porque, primero, crea expectativas de un buen desempeño y, segundo, porque en psicología social se ha estudiado el tema ampliamente y se ha descubierto que la persuasión dirigida hacia sí mismo es una de las técnicas más efectivas para mejorar nuestra eficacia en algo que requiere de nuestras mejores destrezas.

La regla más importante antes de seguir: te voy a pedir líneas más abajo que tengas claridad con lo que vas a pedir en tu quinta dimensión. Aquí todo el mundo se centra en cosas materiales, dinero, coches, parejas, casas, etc., pero dejamos de lado la parte más importante: ¿qué vamos hacer por los demás? ¿Cómo vamos a ayudar a la gente**?**

La claridad de tus deseos: pide y se te dará (siempre que LO CREAS Y LO ESCRIBAS)

Por fin, estimado lector, ¡pasamos a la acción!, ahora entenderás las reglas básicas para alcanzar la quinta dimensión o mente supraconsciente y cómo hacerlo correctamente. Para enfocar el desarrollo de lo que te voy a exponer ahora, te recuerdo la regla básica.

1.- Tenemos que construir nuestra realidad en nuestro mundo de posibilidades, en el mundo infinito, en el mundo divino, a base de crear una realidad imaginada que después de repetirla constantemente y con FE absoluta de que lo que pides se va a realizar en el mundo físico.

2.- Tenemos que realizar un *LIFEBOOK* claro en el que aparezcan tus deseos, tu plan de vida, TU CLARIDAD. Yo te recomiendo que hagas dos cosas que es como lo tengo yo:

-Cómprate una buena agenda, una agenda de calidad o un *book* de apuntes, lo que sea pero que sea bueno y de calidad (recuerda tiene que emitir una correcta vibración y no puedes escribir tus deseos en un papel cualquiera, vamos a empezar desde el principio con ganas porque estás escribiendo tu vida, creo que se merece hacerlo con la calidad máxima). Lo que escribas en esa agenda lo vamos a llamar tu *LIFEBOOK* o libro de vida.

-Cómprate un buen bolígrafo o al menos un bolígrafo con apariencia y escribe en esa agenda o *book* cómo quieres que sea tu vida en cinco años o seis años, con fechas perfectamente editadas y en PRESENTE (como si estuvieras en esa fecha).

Por ejemplo, hoy el día real es por ejemplo 26 de octubre del 2021 y vas a realizar tu plan de vida para dentro de seis años. Pues debes escribir: HOY DIA por ejemplo, 7 de julio del 2026 tengo…….. tu deseo………… y recuerdo cuando lo conseguí que fue con fecha …………………………………… y ahora agradece, agradece, y agradece.

-Apunta en un borrador exactamente lo que quieres pedir al Universo, esto es CLAVE. Se llama CLARIDAD DE INTENCIÓN, yo lo llamo CARTA DE INTENCIONES firmada entre el Universo y TÚ.

Yo te recomiendo dividir tu esquema mental en las tres áreas maestras: AMOR, DINERO Y SALUD y posteriormente dentro de cada área maestra rellenar áreas submaestras, por ejemplo, en DINERO puedes asociar la profesión que vas a desarrollar, tu trabajo, tu nivel económico, tus casas, tus coches, etc., y así con las otras dos áreas maestras.

Ten muy claro todo lo que vas a pedir como si fuera un pedido a fábrica. Imagina que vas a pedir a fábrica un determinado modelo de coche, con un interior por ejemplo en beige y con madera de nogal y una vez que el coche ya lo has pedido, ahora cambias y quieres el cuero de color *toffee* en lugar de *beige* y las llantas de mayor diámetro… Al final el pedido NO va a estar claro y va a generar el correspondiente enfado del vendedor del concesionario y del fabricante… ASÍ QUE dedica UN DÍA O LO QUE QUIERAS a determinar con claridad tu pedido al Universo.

Una vez tengas claro tu pedido al Universo, vamos a FORMALIZAR EL PEDIDO, vamos a rellenar tu *LIFEBOOK*.

Ejemplo para rellenar tu *LIFEBOOK*

Suponte que tu fecha actual real es el 26 de octubre del 2021 y vamos a realizar tu *lifebook* para dentro de cinco años. Vamos a rellenar un *lifebook* para dentro de cinco años en el área del dinero y dentro de esa área maestra vamos a detallar, por ejemplo, la casa de mis sueños.

Bien, pues lo primero es datar la fecha exacta de tu futuro, por ejemplo: 7 de julio del 2026 (recuerda que estás en 26 de octubre del 2021), y seguidamente describes en PRESENTE cómo es tu casa, en qué ciudad se encuentra, barrio, cómo es por fuera, cómo es el diseño, cómo es por dentro, número de habitaciones, color del suelo; de lo que se trata en definitiva es de fabricar tu casa, pero en el presente. Por ejemplo:

-Mi casa en el año 2026, en Madrid, urbanización xxxxxxxx.

"Hoy es día 7 de julio del 2026 y estoy en mi casa. La casa se encuentra en la urbanización xxxxxxx de Madrid, estoy entrando en la calle principal, y me encuentro con la puerta de entrada que es de color negro con dorado. Al abrir con el mando, se abre la puerta y veo el jardín, un jardín con césped y con varios árboles... Me dirijo hacia la puerta de entrada que es de color....... Al abrirla me encuentro con el recibidor y veo el suelo de madera de nogal y el comedor de color.........................".

De lo que se trata es de VIVIR TU PRESENTE y dejarlo por escrito en tiempo PRESENTE en tu *LIFEBOOK* para que puedas leerlo las veces que quieras.

LO MÁS IMPORTANTE: AGRADECE, AGRADECE, Y AGRADECE por tener lo que escribas en tu *LIFE-BOOK,* dando por sentado que lo recibirás, sin generar ninguna duda. "Gracias, gracias, gracias por habérmelo concedido, ASÍ ES".

Una vez tengas tu *LIFEBOOK* cumplimentado en todas las áreas de tu vida, pasamos al segundo punto y es hacer tu PANEL VISIONARIO. El panel visionario es de mucha utilidad para poder visualizar de manera muy sencilla lo que has escrito en tu *LIFEBOOK*.

Instrucciones para realizar tu panel visionario

Mi panel visionario tiene el tamaño medio, ¿sabes las pizarras que se venden en las papelerías que son de madera y corcho para poner con chinchetas anotaciones?, pues yo tengo una de esas. El tamaño medio es suficiente.

El panel visionario es muy sencillo de hacer. Lo primero que debes hacer es escribir una línea a ordenador por cada uno de los deseos que has escrito previamente en tu *lifebook*, por ejemplo, en el caso de la casa.

"YO tengo en julio del 2026 esta casa tan preciosa en el barrio xxxxx de Madrid". Y AL LADO pones tres fotos de la casa de tus sueños o de un ejemplo que encuentres en Google del diseño que te gustaría que tuviera.

Debajo pones la siguiente línea de tu siguiente deseo y al lado tres fotos acordes a tu deseo, así hasta que cumplimentes tu panel visionario.

No te olvides agradecer y dejarlo por escrito en el panel visionario tres veces GRACIAS, GRACIAS, GRACIAS.

Es muy importante que el panel visionario lo mantengas en PRIVADO, no lo tengas en un sitio público, porque cualquiera que lo vea va a conocer tus deseos y recuerda que uno de los principales puntos de importancia es que no le cuentes a nadie tus deseos.

Si no puedes hacer un panel visionario del tamaño que comentamos, puedes hacerlo en formato papel en tu agenda o *lifebook*, pero entonces dedica una página por sueño ya que tendrás que poner foto. En el caso de la casa, pues a una de las páginas pones el título y debajo las fotos de la decoración que elegiste.

Una vez que tengas esta CLARIDAD, ya podemos seguir.

2.- Recuerda que de la quinta dimensión tenemos que bajar a la cuarta dimensión y eliminar todos los obstáculos que en la cuarta dimensión nos vamos a encontrar ya que recuerda que es la mente subconsciente. De nada sirve crear nuestra realidad en la quinta dimensión y luego que en la cuarta dimensión se pueda desviar la frecuencia que genera la realidad (por ejemplo, al compartir nuestro sueño con gente, o al hablar con gente tóxica). Después de pasar por la cuarta dimensión nuestra realidad imaginada se hará realidad física en el plano material o en la tercera dimensión.

3. Debes recordar la LEY DE LA GESTACIÓN, es decir, todo este proceso de materialización puede tardar mucho tiempo, meses o incluso años dependiendo del tamaño del sueño que estás creando. No se trata de darle demasiada energía y estar todo el día visualizando porque eso generaría un potencial excesivo (lo explicaremos en la ley del ritmo) y crearíamos un efecto contrario a lo deseado. Debes dejarlo estar, no darle importancia, confiar que TODO juega a tu favor.

4.- No debes contarle a nadie tu deseo, tu plan de vida, en definitiva, lo que pides en oración en la quinta dimensión, porque una persona por mucho que confíes en ella, al contarle tu proyecto de vida, puede generar una mínima vibración negativa de envidia y eso puede generar una interferencia en la frecuencia de tu deseo. Ojo con este tema, NO LE CUENTES A NADIE TUS DESEOS, por favor, es importante. Jesús de Nazaret al hacer un milagro siempre decía "ahora vete y no se lo digas a nadie".

5.-Recuerda que la FE es la creencia de lo que NO existe es el único truco que permitirá que tu deseo de alcance, de nuevo recuerda otra frase de Jesús "SEGÚN TU FE ES DADO", por lo que NO desesperes, el Universo siempre estará a tu favor.

6.- Tenemos que engañar a tu mente para que entienda que lo que pides es racional y no "salte el aviso" de alarma que directamente coaccionará el resultado, por eso te pido que no escatimes nunca en el deseo, pero si vas a pedir 100 000 000 euros, no los pidas para dentro de un mes, sino para mínimo dentro de seis años, algo que sea lógico.

7.- Quítale importancia al resultado, porque si lo deseas mucho, mucho, estarás generando una vibración de escasez y de tensión que te atraerá lo que estás pidiendo, más escasez (recuerda que, si piensas en negativo, por ley de la atracción, atraerás más de lo mismo), por eso recomiendo "dejarlo estar", es decir, lo pides y dejas que el Universo te lo fabrique.

8. La nueva realidad se genera tras alta repetición y alto impacto emocional, o más sencillo, con pensamientos y sentimientos. De nada sirve visualizar sin sentir o sin ponerle emoción porque recuerda, estamos formando una nueva CREENCIA en tu subconsciente, y recordando la fórmula: Creencias-Pensamientos-Emociones-Acciones–Resultados, observa la tercera y cuarta palabra (pensamientos y emociones) y ahora observa la última palabra (resultados).

9.- Por último, debes VISUALIZAR recordando y no creando. Esto es muy, muy, muy importante, porque de lo que se trata es de AGRADECER AL UNIVERSO, a DIOS y a tus maestros el haberte concedido tu pedido, por eso la palabra clave es el ORAR (visualizar como si ya lo tuvieras y dar gracias por ello).

El truco es hacer la técnica del recuerdo y siempre PIDIENDO lo mismo que has dejado previamente por escrito en tu *LIFEBOOK* y en tu panel visionario. No puedes cambiar tu deseo, no puedes cambiar tu pedido a fábrica, recuérdalo.

Técnica del recuerdo en tu visualización creativa

Imagina que tú estás en noviembre del 2021 y tu sueño lo vas a crear como vimos en el *LIFEBOOK* para el 26 de julio del 2026. Si tú visualizas en futuro, siempre estarás en futuro y no en PRESENTE por lo que NUNCA lo alcanzarás. Tienes que hacer lo siguiente y necesito que esto lo mastiques muchas veces porque es la clave del éxito y lo que más cuesta:

Vamos a suponer que el día que realizas la visualización es el 2 de noviembre del 2022, es decir, la fecha en la que vas a realizar la visualización; visualiza que estás en el día 26 JULIO DEL 2026 (el futuro), siente el escenario de lo que deseas, introduce tus sentidos (la vista, lo que ves, lo que hueles, hazte tu película en esa fecha), por ejemplo, imagina que quieres una casa en frente de la playa…

Pues vamos a julio del 2026, estás en tu nueva casa, blanca, de construcción moderna, entras por el recibidor, te recibe tu pareja, ves que guapa o guapo está, le das un beso, sientes ese beso, sientes lo bien que huele… Juntos os vais hacia la parte de la casa que da a la playa, abres la puerta, sales al jardín que da a la playa, y observas el anochecer tan bonito que se aprecia, ese sol bajando su tonalidad y reflejando en el mar con una imagen tan bonita que no podrás olvidar…

Estás vivo, estás en el día 26 de julio del 2026, estás ahí, en el presente y en el ahora, disfrutas de todo lo que ves y DAS GRACIAS, AGRADECE A DIOS AL UNIVERSO que ya lo tienes, ya es tuyo, ya está concedido...

Ahora toca la parte más importante, RECORDAR CUANDO LO CONSEGUISTE. Esto es clave para que la mente cerciore que es cierto y te deje crear. La mente no sabe si está creando o no, ese el truco, pero por si tuviera alguna duda, si encima recuerda, eso para ella es un aval de que lo que está visualizando es correcto.

Seguimos con la historia, estás en el día 26 de julio del 2026 y sigues en tu casa viviendo ese anochecer tan bonito, lo has agradecido y ahora RECUERDAS cuando compraste esa casa en el año 2023, por ejemplo, el día 12 de junio del 2023.

"Recuerdo cuando fuimos a comprar a la agencia esta casa, que llegamos mi mujer y yo a la *real estate*, nos atendió Ana, ¡qué simpática era!".

Nos pidió que nos sentáramos en un sofá muy cómodo (sientes el sofá) y nos pidió información del tipo de casa que estábamos buscando.

Recuerdo que xxxx (mi mujer del futuro, recuerda ya es tu mujer en el 2026), le dijo que estábamos buscando una casa estilo moderno que estuviera frente al mar, en primera línea de playa. Recuerdo que Ana, comenzó a enseñarnos casas hasta que vimos la que más nos gustaba; recuerdo que justo en ese momento pudimos ir a visitarla y recuerdo también cuando entramos xxxx y yo por primera en nuestra casa ese día.... Era tan luminosa y amplia y las vistas a la playa ¡inigualables! Recuerdo cuando decidimos dar el *ok* y emitir el cheque de la reserva de nuestro nuevo hogar".

Si te das cuenta, estimado lector, esta técnica consiste en irte a una fecha del futuro (en este caso desde el 26 de octubre del 2022 nos vamos al 26 de julio del 2026 en la que disfrutas de tu visualización y luego recuerdas cuando alcanzaste tu sueño. Yo a esta técnica la llamo la TÉCNICA DE LA DOBLE VISUALIZACIÓN ya que actúas sobre tu presente DOS VECES, una en un tiempo muy futuro que es donde lo vives y luego en la etapa que recuerdas haberlo conseguido (en tu futuro también).

Ahora que ya hemos recordado los puntos clave, te voy a explicar cómo se alcanza la quinta dimensión. Estimado lector, lo que te voy a exponer aquí está estudiado y confirmado por canalizadores y gente especializada, pero tú aportarás el valor añadido que consideres como esencial para ti. A continuación, te voy a enseñar como yo lo hago y como a mí me ha funcionado después de mucho probar y después de mucha lectura sobre el tema.

Técnica de VISUALIZACIÓN PARA ENTRAR EN LA QUINTA DIMENSIÓN

Paso 1

Bebe un vaso de agua (se ha demostrado que el agua hidrata el cerebro y genera más capacidad de visualización). El cerebro en esta fase va a generar mucho gasto energético por lo que te recomiendo que no despistes este truco.

Paso 2

Ponte cómodo, a ser posible siempre en el mismo lugar de visualización. EN mi caso es el sofá de mi casa (cuando no viajo). Mi recomendación en este punto es que siempre intentes realizar tu visualización a la misma hora porque así construyes un hábito. Siempre visualizo a primera hora de la mañana, antes de ducharme y después de desayunar. Yo me levanto todos los días a las seis am, desayuno y luego me dedico una hora a visualizar creativamente o a meditar.

Paso 3

Ponte unos tapones en los oídos o unos cascos para aislarte del mundo exterior. Yo, durante mucho tiempo, visualizaba con ondas alfa ya que está demostrado que las primeras veces hasta que entrenas a tu músculo cerebral o mejor dicho hasta que entrenas a tu tercer ojo (comentaremos este tema capítulos posteriores), el escuchar este tipo de ondas, genera una mayor concentración.

Al principio de mis visualizaciones yo visualizaba con música *chill out* asociando la música a las escenas de mi visualización.

Paso 4

Debes alcanzar un estado ALFA O theta de consciencia. Necesitamos estar muy relajados y concentrados, necesitamos estar en un momento de tranquilidad, de relajación y en un momento que para ti debe de ser MÁGICO, puesto que estás muy cerca de las entradas a tu YO interior.

Cierra los ojos, si tienes luz ambiental es mejor apagar todas las luces o cerrar las persianas ya que está demostrado que las visualizaciones deben hacerse a oscuras preferiblemente.

Paso 5

Empezamos la técnica de profundización o inducción:

Esta es la fase más complicada y en la que notarás si de verdad estás o no concentrado, porque si no lo estás te aseguro que de esta fase no pasas, es decir, no profundizarías para llegar a fase alfa de ondas cerebrales. Como bien vimos antes, tu visualización comienza cuando estás en ondas alfa o en theta (cuando estás muy metido).

Yo he probado diversas técnicas:

1.- Técnica del 3 al 1: Consiste en inspirar muy profundamente y al expirar visualizar el número 3, tres veces... Yo visualizaba el número 3 como si estuviera mirando la matrícula de un coche con 3 tres o bien el número 333 de la habitación de un hotel.

Una vez has visualizado el 3, tres veces, te vas al 2, tres veces y posteriormente al 1 tres veces. Si consigues realmente entrar en la parte profunda que buscamos, la visualización fluye, pero si no pasas de aquí en dos intentos, mejor déjalo, hoy no es tu día (no pasa nada).

2.- Técnica de la canalización energética: Esta técnica me la enseñó mi canalizadora (Lida) a la que nombro posteriormente relatando mi última regresión con ella.

Esta técnica para mí es muy eficiente y sencilla de realizar. Lo primero que haces en esta técnica es visualizar un rayo de luz violeta o blanca que entra por tu cabeza, baja por tu garganta, baja por tu pecho, baja por tu abdomen, por tus piernas y por tus pies. Posteriormente visualizo que de mis uñas de los pies salen unas cuerdas o amarres que van hacia el interior de la tierra y del talón de mis pies sale una luz que igualmente acaba en el interior de la tierra.

3.- Técnica de salida espacial: Esta técnica es muy sencilla. Tú ves como de tu cuerpo sale una luz blanca por el corazón y te imaginas que tú eres la luz. Te visualizas saliendo de tu cuerpo y ves tu cuerpo tumbado en el sillón o donde estés visualizando, posteriormente flotas y vas hacia arriba viendo tu cuerpo desde lo alto, sigues saliendo más hacia arriba y ves el techo de tu casa, sigues más arriba y ves el barrio, la ciudad, el país, el continente, el mundo entero y el Universo. Posteriormente, haces el "viaje de regreso" de nuevo.

Cualquiera de estas técnicas son buenas, para mí la mejor es la técnica 2 (técnica de la canalización energética) aunque te confieso que la 1 la he utilizado durante casi tres años.

Paso 6

Agradece todo lo que tienes

Una vez que ya estés relajado y hayas completado la profundización debes dar las GRACIAS POR TODO lo que tienes en tu vida:

Tienes una vida entera que agradecer a diario, una vida llena de progresos y de alegrías. Agradece:

1- Por estar vivo

2.- Por tener un futuro con una visión clara

3.- Por tener familia, hijos, amigos, pareja

4.- Por tener una casa, coches

5.- Por poder vestirte y ducharte cada día si quieres

6.- Por tener un plato caliente con el que alimentar a tu familia y a ti

7.- Por tener salud

En fin, agradece porque si no agradeces lo perderás todo, es una ley universal. Si lo que tienes no lo agradeces, la vida tarde o temprano te lo quitará y se lo dará a la persona que lo agradezca.

Paso 7

PERDONA A TUS HERMANOS, pide perdón y perdónate a ti mismo

Estimado lector, NO puedes acceder a tu reino interior sin antes haber perdonado a tus hermanos, y esto se especifica muy claro en la Biblia. Tienes que estar muy limpio de rencores, de soberbias de ira o de envidia para entrar en tu quinta dimensión.

Yo siempre en este momento de la visualización realizo estas tres fases:

1.- Pido perdón a las personas a las que sé que les hice daño en algún momento de mi vida y soy consciente de ello.

2.- Perdona a las personas que te hicieron daño en el pasado o en el presente. No vale de nada la ira y la venganza, para hacer esto yo te recomiendo tener antes una lista de las personas a las que debes perdonar y mi recomendación es que antes de esta fase escribas una carta expresando los sentimientos de enfado que tienes hacia esa persona y los motivos.

Una vez termines con esa carta, yo te recomiendo que la quemes presenciando como por arte de magia ese resentimiento se esfuma con el humo. Es impresionante este ejercicio previo porque para perdonar NO es necesario estar físicamente con la persona, pues el verdadero perdón procede del alma. Reitero, esta fase de escritura lógicamente debe hacerse antes de estar en esta fase de concentración.

3.- Pídete perdón a ti también: para ello vamos a utilizar el método Hoponopono que consiste en un método de autoreflexión y sinceridad consigo mismo. **El Hoponopono es** un antiguo método de la filosofía hawaiana enfocado al perdón y la resolución de problemas. Las creencias precursoras del Hoponopono.

Debes repetir en tu visualización la siguiente secuencia:

- Lo siento, perdóname, gracias, te amo.

• Lo siento: se utiliza para asumir la responsabilidad de lo que se busca sanar.

• Perdóname: se pretende que el cuerpo perdone al individuo por no haber solucionado el malestar antes.

• Gracias: se muestra gratitud ante la oportunidad de sanar el problema.

• Te amo: se pone de manifiesto el amor hacia la parte negativa de la persona, para que así se vaya y se pueda solucionar el problema.

Por último, debes pedir perdón por cualquier acto inconsciente que hayas hecho.

Paso 8

La invocación de TU ALMA

Este es el paso más importante porque vas decir las palabras mágicas para conectar directamente con la quinta dimensión. Estas palabras son el poderoso **"YO SOY"**. La frase que debes aprender es la siguiente: "YO SOY EN MÍ, INVOCO A MI ALMA" y justo después debes realizar el quinto paso que se llama CONEXIÓN.

Paso 9

Conexión

Ya en esta fase imagina que sale una luz muy potente de tu corazón y a la vez sale una luz muy potente de tu tercer ojo (situado entre las cejas); pues bien, ambas luces deben fusionarse en una sola que como un cable de luz saldrá de tu cuerpo (ideal el tercer ojo) hacia el infinito. Con esto lo que conseguimos es conectar nuestra energía con la quinta dimensión, es como si conectaras el enchufe de tu casa a la corriente.

Después, te mostraré una versión más completa de esta fase que es previa a la visualización, tener un espacio para conversar con tu YO interior y con tu guía espiritual, pero eso será más adelante puesto que es un nivel mucho más avanzado.

Fase 10

Empiezas a imaginar tu sueño ya cumplido, tu visualización creativa

En esta fase tan profunda empezaremos a visualizar nuestra vida deseada tal y como te expliqué anteriormente (primero te vas al futuro como si fuera tu presente y recuerdas cuando lo conseguiste). Debes divertirte, recuerda si por alguna circunstancia ves que vas forzado, abandona, da las gracias y lo dejas pendiente.

Fase 11

Al terminar cada uno de tus deseos, por favor AGRADECE tres veces "GRACIAS, GRACIAS, GRACIAS" POR HABÉRMELO CONCEDIDO.

Fases en las que irás evolucionando en tus visualizaciones

Lo que he aprendido a lo largo de estos años es a clasificar en tres fases la evolución de las visualizaciones.

Fase 1: Construcción de tu deseo

Esta fase es acorde con la claridad que has debido dejar reflejada en tu *lifebook* y en tu panel visionario. Para mí ha sido la fase más divertida porque creas tu película con todo lujo de detalles... Recuerdo que en esta fase cuando visualizaba mi casa de los sueños (como si ya la tuviera), hasta el color de las paredes de la casa y la decoración se reflejaban. Digamos que, en esta etapa, tu mente absorbe tus deseos, pero cuidado, es como comenzar a ir al gimnasio, el músculo de tu cerebro puede tener agujetas... Esta fase a mí me duró un año, aproximadamente.

Quiero que tú entiendas que esto funciona por vibración energética. Cuando visualizas estás mandando energía al Universo y debes hacerlo a diario porque se necesita mucha dosis de energía mantenida y sin forzar para que tu deseo pase de la quinta dimensión, a la cuarta y luego, se materialice en la tercera dimensión. Esta fase de visualización, en mi caso, duraba una hora y media diariamente.

Fase 2: Estabilización de tu deseo

Una vez que llevas tanto tiempo visualizando, empezarás a notar que dejas al lado los detalles, pero mantienes el concepto inicial. Eso significa que tu inconsciente a base de repetición y alto impacto emocional ya ha creado el nuevo programa en la quinta dimensión, dicho de otra manera, tu ALMA y tu MENTE han aceptado el pedido y no necesitas esforzarte demasiado. Esta fase es muy importante porque debes mantenerla un tiempo para estabilizar tu pedido. En mi caso particular han sido casi doce meses de estabilización de mis deseos. Las visualizaciones en esta fase se redujeron a una hora máximo.

Fase 3: Repaso y meditación

Tu deseo ya está pedido, estabilizado y sabes que va a llegar SIEMPRE. Esta fase es mucho más meditativa puesto que ya has tenido tiempo de despertar, digamos que estás en otro nivel... Verás que los detalles ya han desaparecido (ya están consolidados) y entrarás a formar parte de meditaciones mucho más interiores y espirituales.

Esta es la fase más sincera y personal de cada uno ya que contactas con tu YO interior. Lo que a mí me sucedió es curioso, porque dejé de repasar y estabilizar mis deseos materiales y los cambié por deseos más espirituales enfocados en ayudar a los demás. En la fase 1 me concentraba sobre todo en lo material, pero en la 3 ya era un ser mucho más espiritual. En esta fase invierto cerca de treinta minutos diarios.

AVISO: tu cerebro también se agota

Existirán días que NO te concentrarás, existirán días que pensarás que esto no sirve para nada, existirán días que te pondrás a visualizar y aparecerán escenas estúpidas y sin sentido y te aviso también que existirán días en los que te enfadarás contigo mismo... Eso es normal, es parte de tu proceso. Recuerdo todavía el día que peor visualicé en mi vida, simplemente porque el enfado que me generó fue sonado... Déjame que te lo cuente.

Estaba intentando visualizar y veía que no me centraba, la técnica de profundización (para llegar a ondas alfa) no me estaba funcionando, me quedaba en la fase de profundización (contar del 3 al 1, 3 veces), pero ya cuando realmente me enfadé demasiado fue cuando en pleno intento de visualización, en lugar de aparecerme mis deseos, me apareció una escena de lo más estúpida: "visualicé unas morcillas negrotas volando alrededor de mi cabeza", estimado lector, eso para mí fue muy ofensivo "¿yo viendo morcillas alrededor de mi cabeza? ¿En serio?... En ese momento paré la visualización y analicé el problema desde fuera e intenté transmutar la polaridad de la escena y literalmente, reírme de mi "ida de olla" tan peculiar... Confieso que desde ese día odio las morcillas.

A continuación, te voy a explicar los trucos que uso y que me funcionan a la perfección a la hora de visualizar. Llamo a esta sección "trucos, truquitos y truquetes de la visualización creativa", vamos allá:

¿Qué sucede si tengo que viajar o no me puedo programar siempre la misma hora?

Esta es una pregunta que me ocasionó muchas dudas, hasta que le "pillé el truco" y es muy sencillo. Yo llevo a fecha de hoy tres años visualizando de diferentes maneras, formas y compromisos.

Lo que sí puedo decirte de manera concisa y firme es que prefiero que visualices diez minutos profundos a que visualices nervioso o sin ganas…. Las prisas no son buenas, yo por mi trabajo tengo que viajar muchos días al mes y cuando duermo en hoteles que no son mi espacio habitual de meditación o visualización lo que hago es cuando regreso del desayuno, me siento en la silla de la habitación e intento hacer lo que llamo la visualización exprés que dura más o menos treinta minutos y es un repaso de los puntos más importantes que están contemplados en mi *lifebook*.

Te aviso: es mejor **NO visualizar que visualizar con prisas o NO conectado**. Verás que es muy frecuente tener días muy intensos donde te concentras muy bien y todo fluye y refluye y otros que tienes que forzar. Estimado lector, si tienes que forzar, abandona la visualización, agradece y transmite a tu yo interior que lo intentarás más tarde o mañana.

Lo que no podemos hacer es forzar porque al forzar estamos generando una vibración negativa y por lo tanto una interferencia en el pedido.

Con el paso del tiempo y mis cientos de visualizaciones, he aprendido que no conviene agobiarnos si no te concentras.

Cuando viajo aprovecho los trayectos para hacer mis visualizaciones; en el tren me concentro y hago mi visualización y cuando voy conduciendo lógicamente no puedo cerrar los ojos. Hago una visualización más racional, pero con el mismo criterio. No llego a visualizar como tal, pero sí veo pequeños *flashes* de los deseos mientras que voy repasando mi lista.

La frecuencia de la visualización para crear tu deseo

Esta pregunta me la hice todos los días de mis últimos tres años de visualización, y te voy a contestar con máxima sinceridad. Debes visualizar a diario, pero reitero, sin agobios. Esto funciona de la siguiente manera:

Cuando estás visualizando, emites una energía, una vibración al Universo. Esa vibración vibra en una determinada frecuencia que por ley de la atracción atraerás hacia ti los deseos de tu misma frecuencia. Imagina que tienes una radio antigua y sintonizas emisoras, cuando la emisora es nítida, pues se escucha perfectamente...

Lo que tú haces al visualizar es crear en el Universo de posibilidades una variable que, con la energía de la vibración constante, se concentra y se forma en materia en la tercera dimensión.

.Si visualizamos todos los días, lo que vamos a conseguir es que esa vibración tenga tanta energía constante que al final se concentrará en plano físico, pero insisto, debe ser constante.

La tortuga llega antes al destino que el corre-caminos

En lo que se refiere a metafísica cuántica es preferible ir a un ritmo constante mantenido en el tiempo que a toda velocidad y luego dejarlo.

Una cosa que verás y sentirás es que tú mismo sabrás cundo necesitas visualizar más o menos tiempo, porque llegará un momento en el que sentirás que tu alma te dirá "vale, vale, que ya lo tengo claro, tu pedido ya está más que consolidado", pero yo seguiría, aunque fuera con visualizaciones más *lights* para no perder la energía...

Otra de las preguntas que siempre me hacía era: ¿y qué pasa si un día no visualizo?, entonces, yo te hago otra pregunta ¿qué pasa si un día no vas al gimnasio?, pues no pasa nada, estimado lector, nada de nada, pero que tampoco sea habitual.

Tú sabes entender que el ritmo es el lógico, visualiza todos los días, que un día no puedes, no pasa nada, por mi experiencia te aseguro que al día siguiente visualizarás mucho mejor...

Lo más significativo para mí es visualizar con calidad, en algunas ocasiones he tenido visualizaciones muy cutres y otras magníficas, ten en cuenta que en el fondo estás accediendo a tu subconsciente y habrá días que son más intensos para ti en el trabajo, o en preocupaciones y que tu vibración esté más baja y te cueste visualizar mejor. Recuerda que la gasolina de tu energía es la vibración que tengas y la gasolina de mejor calidad para visualizar es la energía del AMOR, porque el amor es la máxima vibración que puedes alcanzar.

¿Cuánto tiempo debo visualizar?

Después de varios años te puedo asegurar que más importante que el tiempo es la necesidad de tu subconsciente en aprender lo que estás programando en las visualizaciones.

Cuando estabas aprendiendo la tabla de multiplicar del cuatro, al principio necesitabas mucho tiempo, pero si cada día de tu vida la visualizabas, lógicamente luego de dos años no necesitaste el tiempo que requerías al principio.

Tú mismo verás y sentirás cuando necesitas más o menos tiempo. Ya te lo expliqué antes, en la fase de creación de tu deseo que empiezas a construir tu deseo desde cero, te aseguro que precisarás mucho tiempo diario, pero también te aseguro que cuando ya hayas interiorizado en tu subconsciente y en tu quinta dimensión tu proyecto de vida con éxito, tan solo tendrás que repasar.

Confía en ti, TÚ lo irás sintiendo.

Y ahora que ya has pedido tu deseo ¿cuál es el truco final?, ¡NO DARLE IMPORTANCIA!

Esto, estimado lector, es trascendental, ya lo hemos comentado antes, deja que todo transcurra con naturalidad y con mucha FE, porque si deseas o ruegas algo, cuanto más deseas una cosa más se aleja de ti.

Yo recuerdo cuando me gustaba una chica que hacía todo lo posible por cortejarla y cuanto más la deseaba más la distanciaba, hasta que decidí pasar por completo de ella y entonces todo cambió…. Ella era la que iba detrás de mí hasta obsesionarse. ¿Has escuchado alguna vez que los hombres con alianza tienen mucho más atractivo que los solteros? ¿Sabes por qué?, porque la alianza demuestra que a ese hombre no le hace falta estar con ninguna mujer porque está, literalmente, casado…

Te aseguro que a mí me pasó, te cuento mi historia, yo estuve casado con Irene, que es la madre de mis dos hijas, gran amiga, gran persona y gran madre; cuando yo estaba casado con ella, notaba que tenía cierto atractivo con las mujeres y cuando me separé de ella y me retiré la alianza, ese atractivo lo perdí (y no, no es por cumplir más años y envejecer porque recuerda, querido lector, que los hombres ganamos atractivo con la edad, como el buen vino).

Resumen de Vence TU realidad y la ley del mentalismo

Hemos llegado hasta aquí juntos y creo que ya estás entendiendo cómo funciona este tema del pensamiento, ¿verdad?

Entonces, tu realidad la puedes cambiar cambiando tu interior, cambiando tus raíces internas, cambiando TU mente. La realidad que vives, como hemos visto al principio de este libro, es TU realidad, pero la puedes cambiar a otra realidad completamente diferente que ayude a los demás.

No puedes dar lo que no tienes, por ello necesito que despiertes de esta inconsciencia y que encuentres despertando a tu ALMA, la realidad a la que has venido a esta vida.

Como resumen necesito que apliques estas normas:

1.- Identifica TU realidad: evalúala, hazte preguntas sobre tu vida, sobre tus pensamientos, sobre tus hábitos, identifica si vibras constantemente en una energía positiva o negativa, cuestiona la energía de tu familia, de tu pareja. Identifica TU realidad del AQUÍ Y EL AHORA porque la vamos a tener que cambiar para despertar a tu ALMA y a la de los demás.

2.- Empieza a estudiar mucho, empieza a leer, yo odiaba leer y en menos de doce meses he leído más de cuarenta libros y repetidos muchas veces cada uno de ellos. Cuando viajes en coche, NO escuches música, ponte tutoriales, tienes a mi mentor Lain García Calvo, tienes a Tony Robbins, tienes millones de mentores que te van a transmitir la energía de su vibración de enseñanza y éxito.

Por mi trabajo actual hago una medida de siete mil kilómetros en coche al mes, que son una estimación de cinco horas diarias. ¿Sabes que hago durante esas cinco horas diarias? Estudiar, estudiar y estudiar con los audiolibros y vídeos de todos estos temas.

3.- Rodéate de gente con amor y salud y si quieres con gente con dinero (por favor, entiende esta parte como una necesidad si quieres atraer el dinero a tu vida) porque ellos emiten una vibración muy elevada. No olvides que somos antenas receptoras energéticas y al igual que nosotros emitimos frecuencias, los demás las emiten hacia nosotros, por lo que es preferible que vayas al mejor club de golf de tu ciudad a tomar un café, que a cenar al bar *manolito* del barrio más cutre de la ciudad. Lo siento amigo, es así.

4.- Empieza a visualizar como te he enseñado y verás los cambios.

5.- Empieza a agradecer todo lo que sucede en tu vida, lo bueno y lo malo porque todo es aprendizaje para ti y para los demás. Piensa que este libro te "certifica" para ser un despertador almático en las otras personas, así que necesito que todas las experiencias las guardes para poder mostrarlas a la humanidad una vez las hayas padecido tú. Las experiencias malas son para "menear" nuestra zona de confort y según la ley del ritmo, darnos un avance o un retroceso conforme a lo que necesitamos en cada momento de nuestra vida.

6.- Vas a empezar a comprobar que las personas que antes eran tus "amigas" empiezan a desaparecer de tu lado. Es normal porque ellos vibraban como tú en una frecuencia "X", pero tú al evolucionar has pasado a una frecuencia "Y", empezando a atraer a los que están en esa frecuencia "Y". Lo que a mí me ha sucedido es que cuando evolucioné de X a Y, los de la frecuencia X desaparecieron de mi vida y se acercaron a mí personas que atraje a mi frecuencia por la ley de la atracción.

7.- Empieza a fingir y créete tu mentira hasta que la vuelvas realidad. Empieza a entrenarte para lo que vas a ser en el futuro, una persona de éxito en las tres áreas maestras: SALUD, DINERO Y AMOR.

Si quieres ascender en el plano de la salud, comienza a cuidarte, haz ejercicio y vibrarás con una frecuencia que atraerá belleza y salud. Igual con el dinero, empieza a creer que ya eres millonario, repítete: "soy un imán para el dinero" y agradece cada céntimo que entre en tu vida.

8.- Plantéate cómo vas a ayudar al mundo, recuerda lo que te avisé al principio de estos párrafos.

9.- Cuando alcances TU nueva realidad, verás un escenario de la vida que tenías muy superficial y lo cuestionarás. Recuerda que comentamos que este libro te permitiría vencer TU realidad, lo que para ti es TU realidad, pero que en ese momento era una realidad falsa porque ya la estás cambiando.

Comprenderás que esa vida que tenías NO te llenaba, esto es similar a cuando estás con una pareja que te maltrata psicológicamente y todo el mundo te avisa sobre esa realidad exterior, pero no coincide con TU realidad personal de ese momento. Al despertar, has vencido a esa antigua realidad y la NUEVA es muy diferente. Te das cuenta que, en efecto, esa pareja no era digna de estar en tu vida, te das cuenta de la verdadera realidad que todo el mundo te estaba advirtiendo.

10.- Serás infinitamente más feliz día a día, hora tras hora, minuto tras minuto y segundo tras segundo. Has despertado, has encontrado el motivo de tu vida, tu contrato almático, el sentido de tu vida, ¿qué más puedes pedir?

Hoy estaba escuchando un audiolibro que te recomiendo (prefiero que compres el libro la verdad), pero también sirve el formato audible y es el del autor T. HARV EKER, *Secretos de la mente millonaria,* magnífico libro, por cierto; Harv Eker cuenta que si hoy estás vivo es porque todavía tienes que hacer tu misión en esta vida, si no estarías muerto, así que apresúrate y vamos a buscar la misión, *¿ok?*

2.- LEY DE CORRESPONDENCIA

"Como es arriba es abajo, como es abajo es arriba"

Segunda ley o principio de la correspondencia

"Como es arriba es abajo, como es abajo es arriba".

La ley de correspondencia te permitirá entender cómo y por qué a veces creamos situaciones negativas o desfavorables, por qué atraemos a personas que nos mienten o nos engañan, que nos roban dinero o en definitiva, que no son como queremos que sean.

De acuerdo con el libro *El Kybalión* el principio de correspondencia dice textualmente **"como es arriba es abajo, como es abajo es arriba";** en el Universo todo se corresponde entre sí, tal como es aquí abajo es allá arriba; cuando uno logra entender todo lo que ocurre en el mundo material entonces podrá entender todo lo que sucede en el espiritual.

Si llevamos este principio a la parte más humana, podríamos ampliar y especificar con claridad "como es adentro es afuera"; todo lo que sucede alrededor de una persona está ocurriendo por dentro, por ejemplo, yo siempre hago la analogía con la limpieza y orden del coche.

Cuando entras en un coche lleno de suciedad y que no se limpia desde hace meses, "como es adentro es afuera", puede ser un claro ejemplo de cómo es esa persona en su interior; lo mismo ocurre con la casa, una casa desorganizada es un claro ejemplo de un desorden interno.

Otro de los comportamientos que demuestran y ponen en manifiesto esta ley de la correspondencia es el aspecto físico. Una persona que no se cuida, por ejemplo, el caso de los hombres que no se afeitan o que descuidan el perfilado de su barba o que no se someten a una higiene diaria o que visten mal, es un claro ejemplo de esta ley o de este principio puesto que nos demuestra "abajo" como es "arriba".

Esta ley simboliza los muchos conceptos que hemos hablado en la anterior, tal y como eres en tu mente, en TU REALIDAD eres en tu plano físico y por lógica, tal y como eres en tu plano físico, eres en tu mente; déjame que te lo explique, imagina un árbol, ese árbol tiene unas raíces, según cómo estén alimentadas esas raíces, generarán unas ramas o unos frutos mejores o peores.

La gente que se aprecia deprimida, seria, arisca, eso es un signo clásico de cómo está su interior, de cómo se encuentran sus raíces interiores, su ALMA, su ser interno.

Tal y como sean tus creencias en tu subconsciente, serán tus pensamientos; tus pensamientos, tus emociones; tus emociones, tus acciones; y tus acciones, tus resultados, ¿lo recuerdas, verdad?, pues según como son tus creencias (como es arriba en la quinta y cuarta dimensión), serán tus resultados (es abajo), tercera dimensión, tu plano físico material.

Como es arriba es abajo

Lo que tu generes en tu plano superior, en tu YO interior, lo obtendrás en el inferior, no lo olvides.

El estado de tu economía, cómo es tu salud y cómo te encuentras en la armonía familiar es una expresión muy directa de tu interior. En el libro *El Secreto* de la Tabla de Esmeralda se específica un dato muy importante:

"Nunca critiques, tú no estás aquí para juzgar a nadie tú no estás aquí para castigar a nadie ese no es tu papel, querido amigo. Existe un espíritu superior que está al tanto de todo eso, nada escapa al Universo nada escapa a Dios".

Otro dato que destaca este libro es que nunca des opinión, aunque te la pidan porque, en definitiva, estimado lector, la gente solo quiere que la escuches.

Otro ejemplo evidente de esta ley o principio es el manejo correcto de esta ley en respuesta ante una agresión o un enfado. Cuando tienes un incidente agresivo y tú no respondes a una agresión, dejas al rival desconcertado y aprende que está delante de un hombre grande, de un maestro, de un señor... Lógicamente si tu vida está en peligro o la de los tuyos DEBES responder sin dudarlo, pero en la medida que puedas, intenta evitarlo.

La humedad no se soluciona cambiando el techo

Este es un ejemplo tan ilustrativo que debes tenerlo en tu mente siempre para compararlo con esta ley de la correspondencia. Suponte que tienes una humedad en el techo de tu dormitorio, bien, esa humedad se presume que es debido a una gotera que viene de arriba.

Si lo único que haces es pintar el techo sin reparar la gotera, lo que estás solucionando es "abajo" y no arriba, donde está la causa, por eso no debemos enfocarnos en intentar dar soluciones en el plano físico, sino que nos tenemos que ir a nuestra quinta dimensión (la gotera original) y allí solucionar el problema de manera definitiva.

Ahora entenderás por qué la gente que sueña con bienes materiales, una vez que los consiguen no se sienten satisfechos y quieren otro y otro, creyendo que serán felices y lo único que consiguen es justo lo contrario, ser cada vez más infelices porque no encuentran la causa principal de su problema (la gotera).

Lo que hace este perfil de gente es comprarse bienes materiales para camuflar la gotera, ¿dónde?, abajo... El problema es que parchean y parchean la gotera comprándose coches, joyas, ropa, cuando el problema está en su interior. Esta analogía es real como la vida misma, y se aplica a todo en esta vida ya que es una ley universal de la que nadie escapa.

Vence TU realidad y la ley de la correspondencia

Ya lo hemos visto, ya hemos entendido cómo funciona esta ley tan especial, pero ahora debemos ponerlo en práctica diaria, para ello lo más importante es seguir estos consejos:

1.- Cuando vences a tu realidad, cuando consigues despertar de este trance hipnótico en el que vivimos, lograrás mediante esta ley ser cada vez más espiritual, puesto que como es abajo es arriba. Tendrás un conocimiento bidireccional asombroso y podrás ayudar a la gente que te rodea.

2.- Cuando desde arriba estés mucho más despierto, por abajo también lo estarás, recuerda "como es arriba es abajo", por lo que de manera bidireccional irradiarás la energía del amor de manera constante.

3.- Atraerás a personas mucho más espirituales porque vibrarás en una vibración almática superior. Esto se producirá en el plano superior (arriba) y se irradiará hacia abajo (plano físico).

4.- Agradece siempre y en todo momento todo lo que tienes en tu vida porque de lo contrario, y si siempre te quejas, generarás un efecto rebote y lo perderás todo. Esta ley es muy sincera y sencilla, demasiado fácil de entender, pero simboliza todo lo que sucede en nuestras vidas, no lo olvides, estimado lector.

3.- LEY DE VIBRACIÓN

"Todo está en movimiento, todo vibra, nada es inmóvil"

Tercera ley o principio de vibración

El tercer principio es el de vibración: "todo está en movimiento, todo vibra, nada es inmóvil".

Esta ley es, particularmente, la ley que más me gusta porque es tremendamente sencilla de entender.

Todo está en movimiento y todo vibra, sí, así es, incluso los muebles de tu casa. Cuando observas una silla, lógicamente a nivel físico aprecias un bloque de madera o de aluminio sólido y estable, pero si lo miras a nivel cuántico, esta silla está compuesta de átomos que vibran en conjunto.

La vibración del espíritu humano es tan elevada que parece que se encuentra en reposo, ¿has visto alguna vez cuando una rueda gira a mucha velocidad que parece que esté parada?

Es importante destacar que el buen conocimiento de este principio nos permite poder llegar a manipular nuestros estados emocionales (transmutar) así como los de los demás.

¿Has notado que cuando tú vibras en el nivel más elevado automáticamente "contagias" a los demás y generas muy buen rollo a los que te rodean?, pero de igual manera puede pasarte todo lo contrario, puedes "aguar la fiesta" a los demás si tu estado vibracional es bajo.

"El que conozca el principio vibratorio ha alcanzado el centro del poder", dicho de uno de los más antiguos escritores.

Nosotros emitimos una vibración de manera constante con gran repercusión no solo en nosotros mismos sino varios metros alrededor nuestro y por supuesto, si hablamos desde el plano metafísico, recuerda que un pensamiento determinado vibra en una frecuencia que se irradia al Universo entero…

¿Te ha pasado alguna vez que estás con alguien y acabas muy, muy cansado?, esto, querido amigo, es por la vibración que ese amigo irradia y que es posible que, si vibra negativo, te ha contaminado, energéticamente hablando.

Esto es lo que se llama una interferencia energética, vibraciones negativas que causan una interferencia en tu energía, y ojo, esa interferencia puede durarte días (luego te muestro trucos para contrarrestar esa energía negativa).

Las vibraciones pueden ser positivas cuando emiten una frecuencia vibratoria muy poco densa, compatibles con amor, ilusión, admiración, felicidad, positividad, etc., y también, existen las vibraciones negativas que son las que son muy densas, pesadas, y que son compatibles con odio, rencor, depresión, envidia, tristeza, etc.

Lo que más me ha llamado la atención de todo esto es que existen situaciones en las que personas con baja vibración actúan como chupópteros de energía, son los denominados vampiros energéticos.

¿Cómo identificar un vampiro energético?

Es muy simple: cuando te encuentras estable y de repente coincides con alguien en un lugar cerrado (un restaurante, una cafetería, tu casa, la casa de la vecina, etc.) y comienzas a tener los siguientes síntomas:

1.- Cansancio, mucho cansancio repentino.

2.- Empiezas a bostezar constantemente.

3.- Te sientes agotado, mareado, confuso.

4.- Entras en un estado depresivo o de tristeza sin ningún motivo.

Si tienes algunos de estos síntomas, cuidado, porque puedes tener lo que yo llamo el "catarro energético", es decir, un contagio de una energía negativa que se ha reproducido en tu cuerpo, sí, estimado lector, aquí en lugar de contagiarnos de un virus del resfriado común, nos hemos contagiado de la energía negativa de una persona.

Todos estos síntomas son muy curiosos porque apreciarás que según empiezas a encontrarte mal, la otra persona se comienza a encontrar bien (lógico, te ha chupado la energía).

Se dice que los fantasmas o seres del bajo astral son energías muy negativas que sobreviven gracias a nutrirse de la energía positiva de las personas que conviven con ellos en las casas. Yo tengo una historia muy fuerte que me pasó en una vivienda, luego te contaré.

¿Los lugares pueden transmitir energías?

Por supuesto que sí, ¿has sentido alguna vez que al entrar en una casa o en un sitio inmediatamente te pones con los pelos de punta?, eso es por un cambio energético brusco, tú entras con buena energía y esos lugares que llevan tiempo con energía negativa condensada te generan una reacción muy similar siempre.

Estos lugares suelen ser iglesias, cementerios, hospitales, catedrales, casas con muchos objetos o mobiliario heredado de ancestros (te llevas en los muebles la energía vibratoria), etc.

Te voy a poner un ejemplo muy llamativo que me sucedió apenas hace dos años. Por un viaje de trabajo fuimos tres compañeros y yo a Santiago de Compostela en el norte de España.

En Santiago de Compostela se encuentra la Catedral de Santiago, la obra más sobresaliente del arte románico en España, se le atribuye el concepto de la meta final del famoso camino de Santiago que durante siglos ha llevado a los peregrinos de la cristiandad hacia la tumba del apóstol Santiago.

La Catedral de Santiago en realidad es un templo católico y proyectado en la Edad Media para custodiar las reliquias del apóstol Santiago, uno de los discípulos predilectos de Jesucristo.

Pues bien, aquí te detallo mi historia. Durante el tiempo de la comida decidimos ir a visitar la catedral aprovechando que estábamos muy cerca.

Cuando entramos mis compañeros y yo a la catedral, percibí una sensación de frío muy intenso en mi cuerpo (estimado lector, no era por la baja temperatura de la catedral porque la visitamos en marzo, pero íbamos muy abrigados porque ese día llovía en Santiago, como de costumbre).

Debo advertirte que soy una persona muy sensitiva y que yo siempre he sentido "cosas" que otros no sienten; pues bien, apenas nos adentramos me di cuenta que la catedral estaba en obras y que la energía que estuvo muy estable por siglos fue revuelta por estas.

Yo he visitado muchas veces esa catedral, pero esta última algo sucedió. Según pasaban los minutos me estaba poniendo, sin ninguna causa, de muy mal humor, cansado, irritado y con una sensación de ira y dolor que no era normal, tanto es así que me fui corriendo de mi visita hasta que salieran mis compañeros, pero el episodio no acaba aquí, ya al regreso en una conversación de trabajo, sin más ni más, me irrité en exceso y chillé a una de mis compañeras delante de más de cincuenta personas, y ¿sabes lo más increíble?, que esa voz y esa ira no era normal en mí, más bien todo lo contrario, suelo ser una persona amigable con todos (según dicen).

Este episodio me despertó de un trance de unos segundos en los que te aseguro, estimado lector, que fui gobernado por un ser o ente que estaría oculto en el sufrimiento de esas paredes durante siglos y se pegó a mí energéticamente. Tardé varios días en limpiarme de esa energía tan negativa.

¿Los coches transmiten vibraciones? ¿Y los muebles de segunda mano?

Sí, la respuesta es **SÍ**. Cuidado con las compras de coches de segunda mano, de casas de segunda mano o de muebles de segunda mano, porque previamente han convivido con energías que tú desconoces.

Siempre he sido partidario de comprar todo nuevo porque digamos de alguna manera, las vibraciones las generas desde cero, pero cuando tenemos que comprar algo de segunda mano deberíamos entre otras particularidades, preguntar los antecedentes vibratorios de los anteriores dueños (cuidado que te pueden tachar de loco).

Hace poco compré un coche clásico de segunda mano con dos dueños anteriores. Nada más entrar en ese coche, sentí que la vibración era muy positiva. ¿Sabes quiénes lo van a notar? Los niños…

Mi hija Daniela en esa fecha tenía siete años y ella es igual de sensible que yo, pues bien, cuando entró en ese coche recuerdo la cara de "ohhh, este coche me gusta" y te aseguro que es un coche normalito, no un Ferrari.

Cuando me monto en ese coche, me relajo hasta llegar a estados de máxima tranquilidad. Sé perfectamente que el anterior dueño dejó su rastro energético positivo en ese coche, pero me ha pasado todo lo contrario en otros coches que sinceramente me generaban mal humor y ansiedad...

El tema de los muebles no debe quedarse de lado ya que un mueble de segunda mano comprado en anticuario lleva consigo una cantidad de vibraciones que con seguridad las captarás sin dudarlo. Lo primero es que si se almacenan mucho tiempo en un anticuario van a compartir energías con otros muebles y además, debes sumar que se encuentran en espacio cerrados, sin ventilación energética de ningún tipo.

Cuando vas al anticuario no sabes si ese mueble ha convivido en una vivienda en la que el sufrimiento o la alegría era su día a día. Por mi experiencia, los muebles de los anticuarios se rodean de energías muy densas, no tienes más que entrar en una de estas tiendas para percibir el ambiente energético de la misma y hazme un favor (sin herir sensibilidades), observa el carácter de los vendedores.

¿La comida transmite vibraciones?

Sí, sobre todo la carne de animal. Un animal es sacrificado para que tú recibas la carne en el supermercado, pero esa carne lleva consigo una vibración de sufrimiento y de miedo que tú absorbes en minúsculas cantidades.

Yo soy carnívoro puro, pero te aseguro que voy a empezar a ir sustituyendo poco a poco la dieta cárnica de mi alimentación.

La homeostasis vibracional

La homeostasis es una forma que tiene el cuerpo humano de conseguir el equilibrio cuando alguno de sus marcadores se descompensa, por ejemplo, si tenemos calor, el cuerpo para mantener el equilibrio térmico genera sudor para alcanzar el EQUILIBRIO en su temperatura, pues bien, esto se reproduce en todas las funciones del organismo, pero existe un tipo de homeostasis que yo denomino la *homeostasis vibracional*.

La homeostasis vibracional consiste en intentar conseguir un equilibrio en nuestras vibraciones, entre nuestras vibraciones negativas y positivas, porque en el equilibrio está la clave del éxito de la vida, en el punto medio.

¿Cómo transmutar una vibración negativa en positiva?

El manejo de este principio universal tiene como principal motivo, pasar de una vibración negativa a una positiva o como poco conseguir un término medio o equilibrio.

Cuando empieces a notar que has captado una mala vibración energética y que entras en una espiral de negatividad descendente, como no seas consciente de tu inconsciente y te dejes llevar por este tipo de vibración, te aseguro, estimado lector, que vas a entrar en una espiral de causalidades negativas imparables, fruto de tu vibración. Te voy a poner un ejemplo:

¿Has tenido alguna vez en un mismo mes la rotura de la lavadora, del coche y de la TV? Yo sí, y menos mal que me di cuenta que tenía que transmutar la energía porque al pensar en negativo, entré en una espiral negativa que por ley de la atracción atrajo hacia mí, ¿adivinas qué?, pues más y más problemas.

Este punto es importante porque necesito que venzas a tu realidad y que hagas consciente tu inconsciente como paso número 1.

Yo conocí a un ex directivo comercial que debido a su negatividad y miedos (vibración negativa), empezó en el trabajo a cometer por arte de magia errores muy graves, que no solo empeoraban, sino que ponían en juego la viabilidad de la propia empresa.

Me di cuenta de este principio, porque en cuestión de dos meses, todo lo malo le sucedía a él (claro, lo estaba atrayendo) y lógicamente, ¿quieres saber cuál era su perfil energético?, era un perfil energético negativo y victimista, lo que generó que el escenario de su vida fuera igual. Recuerda cuando hablábamos de la sala de cine y del proyector.

Si vibras positivo, atraes positividad con total seguridad.

Las cualidades básicas de las vibraciones positivas son el amor, la ilusión, la prosperidad y para mí, el tener esa sensación almática de estar haciéndolo bien.

Cuando demos algún evento donde nos reuniremos todos los despertadores almáticos sentiremos esa vibración tan elevada y nos empoderaremos para ayudar entre todos al despertar de los que están dormidos.

Mis consejos para transmutar esta energía:

1.- Identifica el disparador que te ha producido esa vibración negativa: puede ser un familiar, tu pareja, tu coche, una casa cerrada, tu suegra (es broma), lo que sea que te haya bajado el termostato vibratorio por debajo del nivel 5 de equilibrio, donde 5 es el término medio, por encima de 5 sería buena vibración y por debajo, mala vibración.

2.- Una vez identificado el disparador, te recomiendo que pruebes estos métodos:

- Escribe en una hoja lo que sientes y por qué lo sientes. Al escribir estás de alguna manera conectando áreas del cerebro que hacen racional tu irracionalidad de ese momento.

Cuando estamos enfadados nos gobiernan una serie de sustancias bioquímicas que no nos permiten estar en la realidad absoluta, es decir, nos encontramos bajo el "efecto del enfado" donde nuestra racionalidad desaparece porque entre otras cosas se activa el cerebro más primitivo que es el reptiliano cuya única misión es la defensa de tu supervivencia; por eso, siempre que te enfades o notes una vibración negativa, no tomes decisiones importantes porque bioquímicamente tu cerebro tiene demasiado nivel de cortisol.

-Una vez has escrito lo que te ha provocado el problema, debes leerlo sin darle demasiada importancia y quiero que escribas al final**: LO SIENTO, PERDÓNAME, TE AMO,** GRACIAS, cinco veces y finalmente, quemas el papel.

-Otra de las cosas que puedes hacer es hacer un deporte de alta intensidad durante diez o quince minutos, para liberar oxitocina que es la hormona de la felicidad. Con solo andar a unos siete kilómetros por hora durante quince minutos, alcanzarás una cifra de oxitocina considerable y verás como ese problema disminuye o desaparece.

- A mí me funciona muy bien realizar un mantra con los ojos cerrados, pero en voz alta con la palabra *Om,* tradicionalmente este mantra se canta al principio y al final de las sesiones de yoga.

Tiene su origen en el hinduismo y es uno de los mantras más sagrados. Tiene un alto poder espiritual y se asegura que con la repetición de *Om* se obtiene la lucidez, la introspección y la destrucción de obstáculos; lo que sí es cierto es que, si lo haces y repites la palabra *Om* en una meditación durante quince minutos, se propicia un estado meditativo que trae muchísima paz mental, hazme caso y pruébalo.

- Relájate con una buena ducha, y piensa que el agua que corre por tu cuerpo se lleva las impurezas energéticas en modo de limpieza.

-Hidrátate, bebe agua, al menos dos litros de agua al día.

- Permítete hacer lo que te gusta de verdad, por ejemplo, a mí me apasiona conducir con buena música, pues si eso te gusta, ¿por qué es?, porque tu coche te recarga la energía y de eso se trata, de subir el termostato vibratorio por encima del 5.

-Ríete de tu problema, finge que te hace gracia o que te burlas ¿sabes por qué?, porque al reírte del problema le estás quitando importancia, de alguna manera estás polarizando hacia el polo de la felicidad en lugar del dolor.

- Come cacao, cacao al 90% PURO, no existe mejor neurotransmisor que permitirte darle un bocado a una tableta de cacao puro mínimo al 90%. Ya lo verás, hazlo y me cuentas.

- Haz el amor, la cantidad de oxitocina que se libera en un momento de explosión placentera es brutal, pero eso sí, haz el amor con tu pareja estable ya que quiero que sepas, estimado lector, que cuando te acuestas con una persona, absorbes su energía durante siete años por lo que debes seleccionar muy bien tus parejas sexuales.

- Te va a parecer una tontería, pero tápate el ombligo cuando vayas a saber que vas a ir a un sitio con energía negativa, ya sea en el trabajo, en tu casa o en situaciones que sabes que no te favorecen.

Cuando alguien está discutiendo contigo, dejándote irritado, triste, están jugando con tus energías y tu vibración baja en el acto a niveles inferiores a tres. En ese momento, cierra tu ombligo con una de tus manos discretamente y verás como esas sensaciones disminuyen.

Mi recomendación es que vayas preparado a ese territorio hostil y te lleves una tirita que te tape el ombligo. El ombligo es la primera parte creada después de la concepción, luego se conecta con la placenta de la madre, a través del cordón umbilical.

¿Sabías que el cordón umbilical, según la ciencia, cuando una persona fallece permanece tibio tres horas?, curioso, ¿verdad?

Cuatro dedos por encima del ombligo se encuentra el plexo solar que es el chakra más importante, responsable de captar las energías de las personas de tu alrededor, por eso, se recomienda cerrar el ombligo para que no recibas más energía negativa de los demás.

Te recomiendo que lo uses cuando vayas a cementerios, hospitales, velatorios, comisarías, y todo lugar que pueda tener energías nocivas.

Vibraciones similares vibran juntas: la ley de la resonancia

¿Te has dado cuenta cuando has conocido a alguien en tu vida y "bailas" en su misma sintonía y todo fluye como si conocieras a esa persona toda la vida? Esto es debido a que posiblemente vibréis en la misma frecuencia.

La ley de resonancia es una ley universal que establece que las vibraciones de las mismas frecuencias armoniosas resuenan entre sí. Proporciona las respuestas sobre cómo funciona la ley de atracción.

Esta ley detalla que cuando tú emites un pensamiento, ese pensamiento emite una determinada frecuencia vibratoria que por ley de la atracción atraerá a tu vida las mismas frecuencias vibratorias que tu pensamiento original.

Esto se traduce a que, si tú constantemente piensas cosas negativas, emites frecuencias negativas al Universo y por ley de atracción atraerás a tu vida frecuencias negativas y, por lo tanto, realidades negativas.

Los pensamientos positivos vibran en una energía muy alta (energía constructiva) mientras que los pensamientos negativos vibran en una energía muy baja (energía destructiva).

¿Dónde se almacenan nuestros pensamientos vibracionales?

Una de las dudas lógicas que puedes tener en este punto es dónde se almacenan esos pensamientos que procesamos. Según *El Kybalión* todos los pensamientos y sentimientos emanan una vibración (como ya hemos visto anteriormente) que llega hasta el centro del Universo y se almacena en los archivos akáshicos y en el subconsciente colectivo de la cuarta dimensión.

El problema o la ventaja viene cuando mucha gente vibra igual, ya que se crea un efecto multiplicador de las mismas frecuencias que por ley del magnetismo regresan a las personas que las emitieron, aumentadas. Por eso, es tan importante manejar correctamente todos los pensamientos y todas las vibraciones en general y dominar claramente las vibraciones positivas.

4.- LEY DEL RITMO

"Todo fluye y refluye, todo tiene sus periodos de avance y retroceso, todo asciende y desciende, todo se mueve como un péndulo, la medida de su movimiento hacia la derecha es la misma que la de su movimiento a la izquierda; el ritmo es la compensación"

Cuarta ley o principio del ritmo

"Todo fluye y refluye, todo tiene sus periodos de avance y retroceso, todo asciende y desciende, todo se mueve como un péndulo, la medida de su movimiento hacia la derecha es la misma que la de su movimiento a la izquierda; el ritmo es la compensación".

Este principio supuso un antes y un después en el manejo de mi vida y gracias a este él entendí muchos de los errores que he cometido en ella.

Si manejas este principio te aseguro que dominarás tus pensamientos y por tantos tus acciones y resultados.

Este principio es muy sencillo y muy complicado al mismo tiempo. Lo que nos transmite es que todos pasamos por momentos de avance y retroceso en nuestras vidas, avances y retrocesos a nivel personal, a nivel económico a nivel de salud y generalmente estas fases cambian cada siete años aproximadamente.

La vida nos lleva a un ritmo y si no sabemos equilibrar ese ritmo, nos podemos tropezar y caer.

Esta ley rige para todo: soles, mundos, mentes, energía, espíritu, materia, animales, vegetales… Por ponerte un ejemplo, ¿verdad que has pasado épocas muy buenas (ascenso) y seguidamente algo te ha ocurrido y has regresado para atrás en algo (descenso)? Esto ocurre cuando nuestro crecimiento es muy rápido y no se permite mantener un equilibrio, por ejemplo, a la gente que le toca la lotería es muy frecuente que todo lo que han ganado lo pierdan, porque cuando han tenido el dinero no han sabido alcanzar un equilibrio en sus acciones.

El péndulo: potencial excesivo

Imagina un péndulo en el que en un extremo se encuentra el polo negativo y en otro extremo el polo positivo, y un péndulo que se encuentra en el medio de ambos. Pues bien, amigo lector, imagina que ese péndulo va a oscilar de un lado a otro según la intensidad de importancia que le des a una cosa, esa es la energía que moviliza el péndulo.

Ahora imagina que amas con mucha intensidad y no de una manera equilibrada a tu pareja, ese péndulo comienza a moverse al lado positivo (correcto, amas a tu pareja), pero ese amor comienza a transformarse en apego, obsesión, ese péndulo empieza a polarizar excesivamente hacia el lado positivo y si seguimos aplicando más y más importancia, dará la vuelta y se tornará en el polo contrario (polo negativo), perdiendo con seguridad a nuestra pareja.

Vamos a valorar lo que ha sucedido. Lo que ha acaecido es que al **darle demasiada importancia a algo**, mantenida en el tiempo, el péndulo ha sobrepasado el umbral lógico de equilibrio y ha dado la vuelta hacia justamente el polo contrario.

Un ejemplo claro es el de las mujeres que quieren quedar embarazadas, esto está genial, pero si te obsesionas empezarás a darle demasiada importancia al tema y con el tiempo esa energía y esa importancia generará que el péndulo dé la vuelta y se situará en el polo opuesto y lógicamente NO quedarás embarazada.

¿Sabes cuándo quedarás embarazada? Cuando dejes de darle importancia, entonces el péndulo estará en el medio y podrá polarizar su sobreesfuerzo al lado positivo.

Otro ejemplo claro es con la búsqueda de relaciones. Dicen que las mejores historias de amor son aquellas en las que se conocieron sin buscarse, sino al azar y tiene toda la lógica si controlamos este principio.

Llega el viernes por la noche, día que hemos deseado con locura toda la semana (ya estamos generando un potencial excesivo), nos ponemos guapos y guapas, vamos a comprar con antelación la ropa ideal para la megafiesta en la que deseamos con todas nuestras ganas conocer a nuestra alma gemela...

Pues bien, salimos de "marcha" con nuestro potencial excesivo a punto de dar la vuelta al péndulo, y vamos viendo que la noche no está teniendo el éxito esperado... Indignación es la sensación terminando la noche y debido a toda la importancia que hemos dado a ese día, el péndulo oscila hacia el lado contrario: Resultado: te vas solito/a a tu casa...

La otra escena es cuando te invitan a última hora a una fiesta totalmente improvisada, y de la pereza que te da (tu oscilación del péndulo está en el lado negativo), refunfuñas y a duras penas te pones unos vaqueros y una sudadera y acudes por no hacer un feo a tus amigos a esa fiesta en la que conoces a tu alma gemela, pero

¿cómo es eso?, muy fácil, no le diste importancia a la fiesta y dejaste que el péndulo trabajase en el polo positivo y en la parte equilibrada.

Estimado lector, te doy el consejo más sincero que puedes leer en este libro: desde hoy **NO LES DES IM-PORTANCIA A LAS COSAS**, cumple con tu vida, pero no generes POTENCIALES EXCESIVOS porque conseguirás lo contrario a lo deseado.

Para ello tienes que CONFIAR y tener FE en DIOS y en el Universo.

5.- LEY DE POLARIDAD

"Todo es doble. Todo tiene dos polos. Todo tiene su par de opuestos. Los semejantes y lo antagónicos son lo mismo. Los opuestos son idénticos en naturaleza, pero diferentes en grado. Los extremos se tocan. Todas las verdades son semiverdades, todas las paradojas pueden reconciliarse"

Quinta ley o principio de polaridad

"Todo es doble. Todo tiene dos polos. Todo tiene su par de opuestos. Los semejantes y lo antagónicos son lo mismo. Los opuestos son idénticos en naturaleza, pero diferentes en grado. Los extremos se tocan. Todas las verdades son semiverdades, todas las paradojas pueden reconciliarse".

Este principio explica que en cada cosa existen dos polos, siendo los opuestos en realidad los dos extremos de la **misma** cosa, pero en diferente grado.

Todo es dual, todo tiene dos polos. El calor y el frío, aunque opuestos, realmente son la misma cosa, la diferencia es diversos grados entre ellos.

Lo mismo ocurre con la luz y la oscuridad, son la misma cosa, pero de nuevo, diferente grado.

El caso del amor y el odio es más curioso, tal y como dice el refrán **"del amor al odio hay un paso".**

Esta afirmación es completamente verídica, ¿cómo puede ser que veamos exparejas que cuando estaban en periodo de conquista eran inseparables, pero al romper la relación han acabado odiándose de verdad y desde lo más profundo de su ser?, pues muy sencillo, se han pasado al polo opuesto, recuerda que al amor y el odio son idénticos en naturaleza, pero diferentes en grado.

El manejo de este principio es muy importante ya que si sabes polarizar los polos, lo que se llama **transmutación,** siempre buscarás encontrar el equilibrio entre ambos.

El arte de polarizar siempre ha sido conocido y practicado por los antiguos maestros herméticos, puesto que el poder que conlleva puede cambiar la vida de muchas personas.

Tipos de polos

Por así definirlo, el Universo tiene dos polos; el polo positivo y el polo negativo. El polo positivo siempre es en el que tenemos que vibrar pues es el polo de la armonía, del amor, de la sinceridad, del bienestar y del despertar.

Cuando alguien encuentra su realidad y no solo se ayuda a sí mismo sino también a los demás comienza a polarizar cada vez más en el polo positivo, porque al ayudar a los demás el Universo te lo devuelve multiplicado y este sentimiento genera felicidad y AMOR.

El polo negativo es un extremo al igual que el positivo, pero cuidado que este te puede destrozar tu vida y las de los demás. Recuerda que, según tus creencias, son tus pensamientos y finalmente tus resultados. Si tus creencias son negativas, es decir están polarizadas en el polo negativo, siempre estarás ubicado en este tenebroso lado.

Las espirales energéticas

Las espirales son secuencias vibracionales de arrastre según el polo en el que te encuentres, es decir, piensa en un tornado que en su ojo forma una espiral ¿te lo has imaginado?, pues ahora imagina que ese tornado toca suelo negativo, un suelo con impurezas, resentimiento, odio, angustia, dolor, ¿qué crees que ascendentemente arrastrará ese tornado a su paso?, todo lo malo, pero ahora imagina ese tornado tocando suelo hermoso, lleno de amor, de sinceridad, de belleza ¿qué crees que arrastrará ese tornado ascendentemente?, pues amor y belleza.

Lo mismo sucede con nosotros, si tú entras en una polarización negativa frecuente, cuidado, porque puedes generar tanta energía negativa que puedes generar un "tornado" o una espiral en la vibración más densa, que es la negativa.

El problema de las espirales es que te arrastran como un tornado y como no las pares pueden ser bastante malas para tu vida; ¿te has fijado que cuando una persona triunfa, comienza un ascenso imparable hacia el éxito?, esto es debido porque ha generado una espiral positiva en polaridad positiva. Las espirales que ascienden hacia el polo positivo se denominan espirales ascendentes, mientras que las que descienden al negativo se llaman espirales descendentes.

¿Cómo aplicar el principio de polaridad en nuestras vidas?

Si ahora tú te encuentras en el polo negativo y quieres saber cómo transmutar la energía al polo contrario, lo primero que tienes que hacer **es intentar crear la energía de la polaridad opuesta,** pasando del polo negativo al polo intermedio en esta primera fase.

Por ejemplo, cuando tienes frío enciendes la calefacción o te abrigas más, es decir con el calor se neutraliza el frío y viceversa.

Con la luz se hace desaparecer la oscuridad, con el amor se neutraliza el odio

No se puede pasar de un polo a otro de manera inmediata, no puedes pasar del calor al frío de golpe, sí, gradualmente aunque sea muy rápida esa transmutación; no se puede pasar del amor al odio inmediato, siempre existen una serie de avisos que deben generar la alarma a la pareja, pues se puede estar transmutando la energía del polo positivo al negativo; envidias, celos, falta de amor, generan vibraciones negativas que pueden causar con el tiempo suficiente energía que provoque una espiral descendente hacia el polo negativo.

Muchas personas no entienden cómo determinadas personas están solas o tienen tan mala suerte con las parejas. Esto es porque con respecto al amor están polarizadas o polarizados en el polo negativo y no en el positivo.

¿Qué tienes que hacer? Lo primero vibrar en la energía del amor y una vez vibres en esa energía, con el tiempo entrarás en la espiral ascendente y llegarás a polarizar en el polo del amor, pero antes, ¿sabes cuál es el primer paso?, amarte a ti mismo por encima de todas las cosas, porque si no lo tienes tú no lo puedes dar, recuerda NO puedes dar lo que no tienes.

Cómo manifestar amor con la ley de la polaridad

Como hemos comentado previamente, tienes que polarizarte al polo del amor, pero para ello lo primero **es amarte a ti mismo** y visualizar tu pareja ideal como si ya la tuvieras.

Cuando estás visualizando a tu pareja, en realidad mandas una vibración con polaridad positiva, creas una espiral ascendente y por ley de atracción, atraerás a esa pareja tan perfecta.

Las afirmaciones son importantes para atraer el amor, puesto que con la palabra se emite una vibración que va directa al Universo, y recuerda cómo se forma una creencia (repetición y alto impacto emocional), por lo que debes realizar afirmaciones tales como: "yo soy amor", "yo atraigo a mi pareja ideal", "yo genero amor en los demás", de esa forma estarás vibrando en la energía del amor y polarizarás hacia el lado positivo.

Cómo manifestar abundancia económica con la ley de la polaridad

Si estás en una situación de pobreza, necesitas polarizar en el polo de la abundancia o riqueza, necesitas generar la vibración energética del dinero. Cuidado con este tema porque si nuestras creencias sobre el dinero son negativas, con el tiempo podemos entrar en la espiral descendente y ubicarnos en el polo negativo.

En este caso, para poder polarizar en positivo tenemos que **dar** porque si no, no vamos a poder recibir, por eso es tan importante el concepto del diezmo que no solo es necesario que sea puro diezmo económico (si no lo tienes), puede ser un diezmo de enseñanza a otros, de amor, de tiempo... Lo que sí es cierto es que, si de verdad puedes dar a los demás algo de dinero, obtendrás por esta ley más dinero, porque en definitiva recibes lo que das, pero sin pedir nada a cambio.

Este punto es muy importante que lo entendamos, porque es la clave. Si ayudas a los demás, el Universo te ayudará, si ayudas con amor, el Universo te devolverá amor y si ayudas con dinero, el Universo te devolverá dinero.

Para polarizar hacia la abundancia es necesario hacer afirmaciones constantes y visualizaciones constantes viviendo en la abundancia que deseas. Afirmaciones como: "yo soy abundante", "yo soy millonario", "yo soy un imán para el dinero" si se repiten de manera muy frecuente estarás polarizando hacia el polo positivo de la abundancia puesto que recuerda que como es "arriba es abajo".

Te voy a contar una historia personal que me sucedió y apoya sin duda alguna este principio.

En mi empresa (en la que trabajo en el momento en el que estoy escribiendo este libro), anualmente solemos cobrar un bonus por la ejecución de nuestros servicios profesionales según los objetivos anuales; pues bien, en el año 2019 sé que la vida, el Universo me puso a prueba y luego, me lo devolvió con creces.

Estaba andando por una céntrica calle de Madrid con un gran amigo mío al que admiro y respeto con gran intensidad, cuando al final de la calle veo un *homeless* que viene directo hacia mí…

En esa calle transitaban muchas más personas y te aseguro, estimado lector, que mi vestimenta no era superior al del resto y menos a la de mi amigo; pues bien, este humilde señor se acerca a mí y me pide que si, por favor, le podría comprar una manta ya que dormía en la calle (en Madrid en invierno las noches son muy frías, varios grados por debajo de cero).

Cuando yo le contesté que sí, que lo ayudaba, nos condujo a un bazar chino que se encontraba a escasos cien metros, al entrar bajó las escaleras del bazar y se fue directo a lo que para él era el regalo de su vida, una manta de cuadros, muy convencional, pero para él era su casa.

Lógicamente, se la compré y al dársela puedo asegurarte, amigo lector, que la felicidad de ese **hombre**

inundó mi alma y la de mi amigo, que me confesó minutos después que lo que sucedió no fue lógico, que era cosa del destino o de algo ya pactado, porque mi amigo volvió a destacar que ese pobre hombre fue directo hacia mí, pero varios metros antes de tenerlo frente a frente.

¿Sabes lo que sucedió posteriormente?, un mes después recibí una llamada de la dirección general de mi empresa diciéndome que el anterior presidente dejó en el momento de la venta de la empresa (la vendieron a un grupo americano) que solo diez personas de mil aproximadamente iban a recibir un bonus extraordinario por su buen hacer... YO fui una de esas diez personas. En el momento de recibir esa noticia me vino el recuerdo de ese día y supe que había recibido ese premio del Universo, sin duda alguna.

Todas las verdades son semiverdades

Este principio determina que todas las verdades son semiverdades y que nadie tiene la verdad absoluta. Por ejemplo, discutes con tu pareja y ella comenta el enfado con su mejor amiga, para ella esa es la verdad, pero si tú comentas el enfado con tu mejor amigo, para ti esa es la verdad, pero te aseguro que si se ponen en común existirán grados de no coincidencia entre ellas, por eso nadie tiene la verdad absoluta a no ser que se unan las dos semiverdades, solo de esa forma la verdad podrá ser íntegra. Esto es importante porque SIEMPRE debemos escuchar las dos partes y nunca quedarnos con una semiverdad, esto lo aprendí personalmente en mi vida.

Cuando nos encontramos ciegamente defendiendo nuestra verdad, estamos realmente cometiendo un error porque ninguno de nosotros es portador de la verdad completa, siempre debemos ser flexibles para aprender de los demás, porque recuerda nosotros tenemos la semiverdad, el 50% y siempre debemos descubrir la otra parte.

Cada persona, aunque nos parezca que está equivocada tiene su parte de conocimiento, y debemos encontrarlo para poder entender la verdad absoluta, no lo olvidemos.

El fanatismo

Todos los fanatismos en realidad son destructivos porque se encuentran polarizados en un solo extremo, recuerda que lo ideal es permanecer en el medio, en el equilibrio. Para un fanático de cualquier ideología, solo su ideología es su verdad, pero no es así, esa persona solo conoce su semiverdad. Las conductas extremistas obtienen resultados extremistas y eso es muy negativo.

Nuestro ego genera separaciones entre las personas, ya que el hijo de Dios es uno solo y está formado por cada uno de nosotros, aunque nuestro ego se resiste a esta idea y no quiere perder su derecho a la individualidad.

Los grandes problemas del mundo son causados por el EGO humano, la diferencia de razas, culturas, economías, límites entre países, son un problema de percepción errónea. Cuando aprendamos a ver la unidad en cada uno de nosotros, la mayoría de estos problemas desaparecerán.

Dar y recibir

Muchas personas se quejan de que dan mucho y reciben poco. La persona que está acostumbrada solo a dar está varada en uno de los polos o extremos y mientras se mantenga en esa posición no habrá manera posible de que reciba algo del Universo, eso es porque está vibrando en la energía del DAR y carece de la energía opuesta que es la de RECIBIR.

Por lo general, estas personas se sienten incómodas cuando reciben un regalo o un cumplido, incluso en algunos casos llegan a rechazarlo.

Para cambiar esta situación la persona tiene que aprender a RECIBIR, es importante que, si recibes un regalo, lo aceptes, **lo agradezcas y lo bendigas**, pero no vayas a la tienda a comprar uno por compensar, igual que cuando recibes un cumplido solo debes agradecer.

A muchas personas les cuesta mucho recibir porque creen que si aceptan regalos de otros estarán sometidos a su voluntad, otros creen que no se lo merecen o que no es apropiado. Debes estar receptivo a lo que el Universo siempre te quiere dar.

La impaciencia

Cuidado con la impaciencia porque no es más que una resistencia a los cambios; desde el punto de vista metafísico la impaciencia es la incapacidad para incorporar algo nuevo. Todo requiere su tiempo, todo tiene sus procesos.

El proceso que se requiere para realizar un cambio se denomina ley de la gestación, ya que quiere simbolizar el tiempo que se necesita para que nazca un bebé desde la fecundación.

En el plano metafísico, la velocidad es diferente al plano físico como ya vimos anteriormente. Si tú levantas la mano en el plano metafísico, en el plano físico tardará en verse la mano levantada, por eso la gente impaciente al no ver resultados prematuros, abandona el proceso, perdiendo lo que ha podido crear hasta ese día.

Finge y polarizarás en el polo opuesto

Este dato es importante y ya lo hemos hablado anteriormente; para polarizar en el extremo contrario, debes apoyarte en las visualizaciones, en las afirmaciones y en fingir que lo que deseas en ese polo ya lo tienes, porque al hacerlo, estás creando una vibración energética que atraerá por ley de la atracción lo que desees.

En el caso del amor y si quieres atraer a una pareja, finge que preparas la casa para su recibimiento, prepara la mesilla de noche libre para ella o para él, deja una parte del armario para sus cosas y cuando te vayas a dormir despídete de ella o de él que está al lado de ti en la cama.

Si quieres atraer dinero, finge, finge y ve a tomar un café al sitio más caro de la ciudad, absorbe la energía vibracional de la gente rica y llévatela contigo para poder ir generando esa vibración.

El otro día leía un libro que afirmaba que la gente que está despegando en el tema económico DEBE comprarse un buen coche y una buena ropa, porque la sensación que esto crea en esa persona genera una vibración que lo lleva cada vez al polo positivo, o al menos al término medio. Esto es realmente cierto, ¿alguna vez te has sentido preciosa o precioso con tu nueva ropa?, ¿verdad que sí?, esas son las vibraciones, estimado lector, las vibraciones que irradias hacia el polo correcto.

Finalmente, ten por seguro que cuando pongas en marcha todo lo que estás aprendiendo en este libro y juntos despertemos a muchas almas dormidas, la vibración que provocaremos de felicidad a la gente nos movilizará hacia el polo positivo a todos y a cada uno de nosotros; recuerda, este principio es muy sencillo, polariza siempre hacia tu lado positivo de la vida y triunfarás.

6.- LEY DE CAUSA-EFECTO

"Toda causa tiene su efecto, todo efecto tiene su causa; todo sucede de acuerdo con la ley; la suerte no es más que el nombre que se le da a una ley no conocida"

"Toda causa tiene su efecto, todo efecto tiene su causa; todo sucede de acuerdo con la ley; la suerte no es más que el nombre que se le da a una ley no conocida".

Esta ley simboliza un hecho real que nos afecta a todos en nuestra vida: toda causa tiene un efecto y todo efecto tiene una causa.

Si tú esta misma tarde cometes un error grave (causa), por ejemplo, sales a la calle y al primer individuo que te encuentras le das un tortazo, pues lógicamente tendrás un efecto (un tortazo de vuelta). Esta comparación tan característica es reproducible a todos los escenarios de la vida.

Debemos tener claro que el Universo, Dios conoce cada uno de nuestros actos, por lo que cualquier causa tendrá su efecto siempre.

No existen las casualidades, sino las causalidades

Esta frase a mí me encanta y debo confesarte que la uso muchas veces al día.

No existen las casualidades, sino las **CAUSALIDADES.** Todo es un efecto de una causa, o toda causa tiene un efecto, como más te guste.

Cuando empiezas a despertar de tu trance hipnótico verás que empiezan a existir sincronicidades o alineaciones de situaciones que son efecto de la causa que estás creando; me explico: imagina que ya estás evolucionando y tus pensamientos son positivos, llenos de amor y de alegría, que estamos polarizando hacia el polo positivo, pues todas esas causas que generas (arriba), tendrán un efecto (abajo) y por sincronicidades atraerás cosas muy buenas en tu vida (CAUSALIDADES).

No sé si te has dado cuenta que he ido hilando todas estas leyes para explicar exactamente lo mismo: como es arriba es abajo.

Cuando existen esas sincronicidades o causalidades positivas es que vas por buen camino, te pongo ejemplos de causalidades siempre y cuando hayas visualizado y formado tu pensamiento positivo:

-Conoces a una persona muy importante en tu vida (quién sabe, igual es tu alma gemela) el día que menos te lo esperas y en el momento que menos creías que ibas a conocerla (ejemplo, hinchando la rueda del coche, bajando por el ascensor de tu casa, en el supermercado seleccionando de la panadería la barra de pan perfecta, en la caja del súper (yo que sé, en la historia que más gracia te haga).

-Por ejemplo: has visualizado una mejora profesional importante y de un día a otro te encuentras un viejo amigo que resulta que tiene un negocio y te ofrece participar en él (estimado lector, eso no es una casualidad, eso es una CAUSALIDAD en toda regla y te recuerdo, el UNIVERSO, Dios o en quién creas no te lo va a dar dos veces, o lo coges o lo dejas, eso es así, amigo.

-No dejes pasar nunca las oportunidades que te ofrecen tus amigos siempre y cuando veas que es conveniente, ¿sabes que el fundador de Facebook, Mr. Mark Zuckerberg, en el 2011 comentó una idea de negocio a cinco amigos y solo dos de ellos aceptaron? Pues esos dos amigos son BILLONARIOS actualmente.

-Lo que sucedió en la lamentable tragedia del 11 de septiembre del 2001 con el atentado de las Torres Gemelas de New York, varias personas sufrieron "incidentes" particulares que evitaron que estuviesen en ese mismo momento del atentado en una de las dos torres. ¿Casualidad o causalidad?, su alma debía seguir en esta vida.

-No es una casualidad que sigas vivo hoy, querido lector, es una CAUSALIDAD porque todavía tienes que generar un efecto o misión almática en esta vida. Eso sí, cuando la cumplamos partiremos con nuestro trabajo bien realizado a la otra dimensión.

Te aviso algo, es muy normal que durante el proceso de cambio a tu despertar puedan sucederte episodios que no estaban planificados y que pueden ser malos para ti, pero confía, siempre el Universo está a tu favor, siempre y cuando tus pensamientos dominantes estén polarizados hacia lo positivo.

No es CASUALIDAD todo lo que te está sucediendo, siempre y cuando pienses que **"se cierran puertas de bronce para abrir puertas de oro",** como decía el MAESTRO JESÚS DE NAZARET. Todo pasa por algo, todo es un efecto de una causa.

Estimado lector, siempre que hablo de este tema recuerdo otra frase que me encanta y es **"las piedras que obstaculizan tu camino son las piedras con las que construirás tu fortaleza" y eso es así.**

Todas las dificultades que podemos encontrarnos actualmente son para aprender, para generar una experiencia y sobre todo un aprendizaje positivo cuando se superan. ¿Te ha pasado alguna vez que cuando te deja una pareja piensas que es el fin del mundo y cuando lo superas te das cuenta que era para encontrar a alguien mejor?, pues esto confirma la frase.

La causa-efecto en las relaciones

Este tema sí quiero escribirlo porque es un tema que nos afecta a la mayoría de las personas.

Verás, en las relaciones personales esta ley funciona muy sofisticadamente ya que tal y como trates a tu pareja (causa) tendrás un efecto. No es casualidad que tu pareja se desenamore de ti o te deje, es una causalidad en todos los aspectos.

En mi vida personal con mis exparejas lo he aprendido de manera clara, lo que DAS, recibes, pero tienes que aprender a querer recibir igualmente.

En una relación personal esto es un 50% de cada parte por IGUAL.

Si enamoras a tu pareja todos los días de tu vida (CAUSA) tendrás un efecto y será la reciprocidad en la relación, pero en el momento en el que una de las dos partes se aleja, el efecto será el mismo, alejamiento y polarización hacia el lado negativo.

Una vez leí que en el momento en el que faltas al respeto a tu pareja, inmediatamente polarizas de extremo a extremo en un grado muy alto, recuerda que no puedes pasar del amor al odio en un segundo, pero el termómetro se acerca mucho más rápido al polo negativo.

Dicen que cuando una pareja no está en un buen momento de su relación sus corazones gritan de dolor y por consiguiente gritan de verdad en palabras feas y en tonos de voz muy elevados, pero, cuidado, estimado lector, esto causa un alejamiento muy grande de esos dos corazones y llegará un día que de tanto alejaros no sabréis volver, porque no os encontraréis.

¿Sabes por qué los enamorados se susurran al oído?

Porque sus corazones están tan cerca que no hace falta hablar alto y, ¿sabes por qué cuando se encuentran dos almas gemelas no hacen falta palabras para comunicarse?, porque sus corazones están fusionados y son UNO, por eso refuerzo el párrafo anterior, no generes como causa el distanciamiento en las relaciones porque tendrás como efecto el perder a tu pareja; todo es un proceso, no lo olvides.

Habla siempre bien a los demás, querido lector, porque como tú trates serás tratado.

Una acción que me encanta siempre hacer es felicitar en público las acciones que están bien realizadas, los trabajos bien hechos. El reconocimiento público es el resultado de una labor extraordinaria en privado.

Por mi forma de ser, siempre saludo al entrar en una tienda porque la dependienta o dependiente ven a decenas de personas en un día y te aseguro que la gran mayoría los ignora.

No existe mayor desprecio en esta vida que NO hacer aprecio, te recuerdo que todos somos iguales y todos tenemos los mismos derechos de ser tratados con educación.

¿Sabías que un franquiciado de la famosa red de hamburgueserías McDonald's tiene que pasar una buena temporada como camarero y cocinero antes de serle otorgada la franquicia?

No tenemos derecho a tratar a los demás como inferiores porque recuerda: tal y como actúes te será devuelto (causa–efecto).

Bruce Lee siempre decía: *"esperar que la vida te trate bien porque eres buena persona, es como esperar que un tigre no te ataque porque eres vegetariano"* y qué razón tenía.

La ley de la causa y efecto y el perdón

La única forma para que este principio no nos siga afectando en caso de que tengamos episodios negativos y que no se nos devuelva es mediante el PERDÓN.

El PERDÓN a uno mismo es, quizás, el perdón más complicado de realizar puesto que muchas veces por nuestro EGO no somos capaces ni de entender el origen del problema o la causa.

El PERDÓN no es un acto sino un proceso, si cada día perdonamos un poco más nos iremos liberando del pasado, de todos los lastres que ensucian nuestra alma.

En algunos casos este proceso puede hacerse de una sola vez, pero en la mayoría el perdón requiere de tiempo, de un proceso. Para entender los pasos debemos entender primero la proyección que hace nuestro EGO.

Las heridas emocionales que arrastramos las vemos con más claridad en los demás que en nosotros mismos. El EGO se niega a aceptar que es uno el que tiene el problema y lo proyecta hacia afuera encontrando al perfecto culpable, de esta manera culpamos a nuestra pareja, a nuestros padres y al gobierno de todos nuestros problemas.

¿Te has dado cuenta, estimado lector, la cantidad de personas VICTIMISTAS que predominan en el planeta, que siempre echan la culpa a los demás por todos los errores que ellos han cometido en sus pensamientos (causa)?

Si quieres conocer a una persona pregúntale por un determinado tema y observarás en tan solo tres minutos cómo es su interior y cómo son sus pensamientos y creencias, y ya cuando culpan al resto del problema, tenemos a una persona EGOCÉNTRICA de libro delante nuestro.

Cuidado con los criticones, cuidado con los que todo el rato están criticando a los demás, porque quizás lo primero que esas personas deberían hacer es criticarse a ellos mismos.

El YO SUPERIOR es la parte más sincera de nuestro ser y es el que recuerda constantemente nuestra naturaleza espiritual por lo que el proceso del perdón significa entregar el problema a una autoridad superior, a nuestro YO SUPERIOR o a DIOS para que deshaga el error de nuestra equivocada percepción.

El primer paso para perdonar es reconocer que la culpa no está afuera sino reconocer que lo de afuera HA ACTIVADO una herida emocional que está en mí y por eso me enfado o me molesto.

¿Recuerdas al principio del libro que comentamos que cada uno de nosotros tenemos nuestra realidad? Pues aquí se justifica puesto que para nuestra "realidad" un episodio puede ser motivo de enfado y para la realidad del otro, de risa.

¿Diferente realidad?, mejor especificar, ¿diferente disparador?, en efecto, así es.

Lo que te enfada de los demás es lo que proyectas de tu enfado interior contigo mismo, nunca lo olvides.

El segundo paso es aceptar que la vida está dentro de uno mismo. Si en este proceso nos detenemos en este paso el EGO nos hará sentir culpables a nosotros mismos.

El tercer paso consiste en entregar nuestra culpa al YO SUPERIOR para que deshaga el error. Es en el tercer paso donde procedemos a poner el problema en las manos de DIOS para que él mismo lo resuelva y sane aquello que necesita ser sanado.

Cuando una persona perdona de corazón, el efecto que tiene sobre la persona perdonada es inmediato. No es necesario estar en presencia de la persona a la que pedirle perdón para que este, si es sincero, se genere a "distancia".

Cuando se procede al verdadero perdón tu alma se libera de toda culpa y se siente una paz interior fuera de lo normal.

Ley del karma

Ley del karma es infalible y todos estamos invariablemente sometidos a ella. A veces ignoramos el hecho de que la mayor parte de nuestra vida la pasamos completando el destino que se crea por nuestros karmas o acciones en nuestras vidas pasadas.

De acuerdo con la ley del karma, ***"cada acción positiva que hacemos, genera un "mérito", mientras que cada acción negativa genera un "demérito o pe-***

cado", cuyos frutos cosechamos posteriormente, ya sea con felicidad o infelicidad.

Todos los eventos importantes en nuestra vida están predestinados, por ejemplo, la familia en la que nacemos, con quién nos casaremos, etc. Durante nuestras interacciones del día a día, estamos saldando una cuenta anterior o creando una nueva.

Si una cuenta no se salda en el presente nacimiento, pasa al siguiente. Sin embargo, no estamos conscientes de las cuentas kármicas de toma y daca generadas en nuestros nacimientos anteriores.

En nuestros nacimientos posteriores podemos o no estar preparados para saldar nuestro destino y la paradoja es que, al mismo tiempo, estamos creando nuevas cuentas kármicas. En consecuencia, esta espiral del karma y el destino nos ata y quedamos enredados en ella.

La única manera por la que podemos anular nuestra cuenta de toma y daca y nuestro destino es a través de la práctica espiritual sostenida y regular.

7.- LEY DE GENERACIÓN

"El género está en todo; todo tiene sus principios masculino y femenino; el género se manifiesta en todos los planos"

Séptima ley o principio de generación

"El género está en todo; todo tiene sus principios masculino y femenino; el género se manifiesta en todos los planos".

Este principio determina que para crear algo nuevo es necesaria la conjugación de dos energías: la masculina y la femenina.

Si esta conjugación no se da, entonces no se produce la manifestación ni el proceso de creación.

Todos somos portadores de energía masculina y femenina siendo necesario mantenerlas en un equilibrio perfecto.

Un hombre con mucha energía masculina puede ser un hombre muy machista, es decir, que se ha polarizado en el extremo de la energía masculina y por consiguiente le hará falta un grado más intuitivo y creativo, la energía femenina.

Cada uno tiene que desarrollar su parte masculina y femenina para estar en equilibrio.

La energía masculina sirve para atraer, estimular, sembrar y dirigir, mientras que el poder de la energía femenina es germinar, reproducir y dar forma. Ambos son incluyentes.

La energía tiende a complementarse, por eso atraemos en la vida a personas compatibles con la energía que nos falta, por ejemplo, una persona es muy tranquila, pasiva, tímida, es muy posible que traiga a su vida personas opuestas, es decir, más extrovertidas y dinámicas porque este principio busca que ambas energías estando juntas se equilibren. Este es uno de los principios que tenemos que experimentar en esta vida.

Por el contrario, a la persona más peleadora siempre le gusta rodearse con gente más pacífica o sumisa.

La atracción de los opuestos puede generar dependencia entre ambos, pero con el tiempo la energía sin duda se estabiliza y equilibra.

Cuando una persona encuentra su punto de equilibrio es cuando comienza su verdadero despertar con su YO SUPERIOR porque se encuentra en clara armonía. Este es uno de los puntos principales por los que se justifica la necesidad de despertar porque al despertar seremos capaces de equilibrar con mayor precisión nuestras vidas.

Cómo utilizar esta ley para conseguir nuestras manifestaciones

Una persona que visualiza a la perfección y medita, estará actuando bajo la energía creativa universal que es la energía femenina, pero si solo se queda en este tipo de energía, nunca podrá manifestar nada porque le falta la parte de la **energía masculina que es la acción**.

Sin acción nunca conseguiremos una reacción, este dato, estimado lector, es muy importante que lo comprendas. De nada sirve pasar horas en el sofá de tu casa visualizando **SIN ACCIÓN** porque reitero, en el equilibrio está la clave del éxito.

Lo mismo ocurre en el caso contrario, personas que polarizan constantemente en energía masculina, trabajadoras innatas, pero tienen la parte de la energía femenina sin desarrollar por lo que tampoco alcanzarán sus metas porque sinceramente ni las conocen.

Este tema en esta sociedad me preocupa, una sociedad que nos obliga en el día a día a polarizar en la energía masculina, casi sin darnos cuenta y de manera automática, por ello es tan importante nuevamente despertar, hacer consciente tu inconsciente y polarizar hacia un equilibrio con la energía femenina.

Es necesario disponer de un espacio diario para meditar, visualizar y comunicarte con tu YO superior.

¿Te has fijado, amigo lector, que muchas personas que aún no han despertado ni saben cómo hacerlo, viven su vida en piloto automático sin invertir tiempo en cultivar su energía creativa o femenina?, pues nos tenemos que apuntar esta observación para evitar caer en esta trampa del EGO.

Yo siempre he dicho que el peor enemigo de nuestra vida actual es la llamada RUTINA porque vivimos en el día a día en piloto automático sin darnos cuenta de nuestro propósito, sin darnos cuenta que nuestra alma se encuentra apagada o sin rumbo fijo.

Cuando notes que alguno de tus deseos no se cumple, debes plantearte qué tipo de energía estás usando o cuál es la que te falta.

El polo de la creatividad se aumenta con actividades de diversión y disfrute (deporte, juegos, meditación, etc.).

CAPÍTULO CINCO

EL TERCER OJO

La glándula pineal

Dependiendo de la traducción de Mateo 6:22:22: La lámpara del cuerpo es el ojo; así que, si tu ojo es bueno, todo tu cuerpo estará lleno de luz; pero si tu ojo es maligno, todo tu cuerpo estará en tinieblas. Así que, si la luz que en ti hay es tinieblas, ¿cuántas no serán las mismas tinieblas?

Con seguridad, JESUCRISTO se refiere a la glándula pineal.

Sin embargo, existe otro símbolo cuya semejanza con la glándula diseccionada es sorprendente: el Ojo de Horus.

Este emblema egipcio también se conoce como Udyat, cuyo significado es "el que está completo", y es un talismán al que se le atribuyen propiedades protectoras, de salud y renacimiento.

El antiquísimo amuleto aparece en el *Libro de los Muertos* (escrito hacia el 1550 a. C.) Este libro es un texto funerario del Imperio Nuevo egipcio cuyos sortilegios mágicos tenían como objetivo ayudar a los difuntos en su viaje a la otra vida.

El ojo también aparece en los *Textos de los Sarcófagos,* unos conjuros pintados o grabados en sarcófagos y ataúdes durante el Imperio Medio del Antiguo Egipto, y que también protegían a los fallecidos en su travesía al más allá (2100 a. C.). Pero su origen se encuentra en los antiquísimos *Textos de las Pirámides* (2350 a. C.), un repertorio de conjuros, encantamientos y súplicas grabados en cámaras sepulcrales de las pirámides del Imperio Antiguo.

Cuenta la leyenda que el dios Osiris tenía dos hijos: Horus y Seth, y que fue asesinado por este último. Horus quiso vengar a su padre y luchó contra su hermano sufriendo graves heridas y la pérdida del ojo izquierdo.

Gracias a la intervención de Thot, dios de la sabiduría y los hechizos mágicos, el Ojo de Horus fue sustituido por el mágico Udyat para que el dios pudiera recuperar la vista. Horus empleó su poderoso ojo para devolver la vida a su padre.

El Ojo de Horus también es un jeroglífico. Los antiguos egipcios utilizaron un complejo sistema fraccional en diversas medidas agrarias de superficie y volumen basado en las potencias de 1/2. Para ello, usaron las fracciones mayores que arrojaban las distintas partes del talismán.

Durante miles de años, los místicos orientales han atribuido un tercer ojo al ser humano, también llamado el Ojo de la Sabiduría, y este estaría localizado en la glándula pineal, justo en mitad de nuestro cerebro.

Este pequeño órgano, también conocido como epífisis, es una glándula de secreción interna en forma de cono que mide **entre cinco y diez milímetros**, y se encarga de regular nuestros ciclos de vigilia y sueño, por lo que cumple las funciones de reloj biológico. Después de la pubertad se produce una calcificación en la glándula pineal en forma de cristales de fosfato de calcio. Es conocida por los científicos como "**arenilla del cerebro**".

Está unida, vía ganglio cervical superior, a la retina formando así parte de nuestro sistema visual; y aunque está sepultada en el interior del cerebro, reacciona a la luz solar y a la artificial.

Cuando llega la oscuridad, transforma la luz recibida en una secreción hormonal llamada melatonina (que participa en una gran variedad de procesos celulares, neuroendocrinos y neurofisiológicos), que a la vez procede de otra sustancia que también se encuentra en esta glándula: la serotonina. El déficit de melatonina suele ir acompañado de insomnio, depresión y aceleración del envejecimiento.

La DMT, o dimetiltriptamina, es un neurotransmisor que también se encuentra en la glándula pineal y es el alucinógeno más potente que existe. Se produce en pequeñas cantidades cada vez que un individuo sueña y en los momentos cercanos a la muerte.

Rick Strassman, psiquiatra e investigador de la Universidad de Nuevo México, nos habla en su libro *DMT: La molécula espiritual*, y en varios documentales que podemos ver en YouTube, sobre este principio activo. Y lo compara con la ayahuasca amazónica, que es un potente alucinógeno utilizado por chamanes y curanderos dentro de un contexto espiritual y de sanación.

Strassman solicitó voluntarios que estuvieran interesados en el proyecto científico, y el 70% de estos calificaron la experiencia como uno de los cinco aprendizajes espirituales más significativos de sus vidas.

En nuestros días, la calcificación de la pineal se ha achacado principalmente al estresante estilo de vida que llevamos y a nuestra nociva dieta moderna.

Sobre todo, se atribuye al consumo de ciertas sustancias químicas como el flúor, una sustancia tóxica y reactiva que consumimos habitualmente en el agua que bebemos, pastas de dientes, enjuagues bucales, sal fluorada, suplementos dietéticos, y que además utilizamos como antiadherente en superficies poliméricas de fluoruro (hojas de afeitar o sartenes), en fertilizantes, vidrio, hidrocarburos fluorados o refinerías de petróleo.

También, colaboran en la calcificación los suplementos de calcio, el mercurio (presente en empastes dentales, pescados de gran tamaño, langostinos, o ecobombillas que se rompen), plaguicidas o pesticidas químicos, edulcorantes como el aspartamo, azúcar refinada, grasas, harinas refinadas, refrescos con gas, cafeína, tabaco, alcohol, productos químicos de limpieza, ambientadores, y aditivos que comienzan con la letra E (ya sabes: si no puedes decir el nombre de una sustancia, lo más probable es que sea nociva).

Con el objeto de descalcificarla y así poder abrir nuestro tercer ojo, los maestros espirituales nos aconsejan practicar una buena alimentación, meditar, escuchar música de altas frecuencias, o visualizar estereogramas; también, practicar a diario cierta filosofía de vida para permanecer en estado de armonía y paz. "Om mani padme hum...", la joya está en el loto, dice el famoso mantra budista.

¿Cómo activar la glándula pineal? Nuestro tercer ojo

La glándula se activa cuando se conecta con el campo unificado, con la quinta dimensión. Es un canal energético que debes visualizarlo cuando empiezas una visualización en forma de luz que sale de tu tercer ojo y que se irradia hacia el Universo.

La glándula pineal activa funciona como una gran antena receptora en el cerebro, cuánto más alta sea la vibración que captes mayor será la energía que fluye por tu cuerpo.

A medida que activamos la glándula pineal se comienza a percibir una realidad que antes no conocías, una realidad mucho más espiritual basada en el amor y en la alta vibración. Aumentarás tu inteligencia, tu intuición y tu sensibilidad.

¿Recuerdas en capítulos anteriores que con mi evolución y despertar veía cosas que antes no había visto? Eso es porque mi glándula pineal está empezando a desarrollarse y activarse.

La glándula pineal debería estar activa de manera natural, pero por diversas causas de nuestra vida, se encuentra completamente inactiva.

A la glándula pineal siempre se le ha atribuido, desde el punto de vista más místico, al tercer ojo, y no es para menos porque se ha descubierto que esta glándula tiene fotorreceptores al igual que nuestros dos ojos físicos y son activados por la energía lumínica, por ejemplo, la luz solar es un estimulador de la serotonina que nos despierta de nuestro sueño natural, pero cuando desaparece el sol se activa la melatonina para que el proceso de sueño comience.

Un mal funcionamiento de ella puede influir en nuestra calidad del sueño y eso puede ser un aviso de que está demasiado inactiva o calcificada.

Motivos por los que se bloquea la glándula pineal

1.- Alimentación de última generación.

2.- Falta de exposición a la luz solar.

Lo primero que debemos hacer es eliminar de nuestra alimentación el flúor y el calcio ya que son compuestos muy tóxicos que la calcifican. Fíjate, yo soy dentista y es un atrevimiento decirte que NO utilices pastas de dientes ni enjugues con flúor, pero aceptando mi atrevimiento te recomendaría que empieces a usar pastas de dientes sin flúor.

El flúor también se encuentra en el agua que bebemos directamente de los grifos, en ocasiones en concentraciones demasiado elevadas.

Respecto al agua lo más beneficioso es contar con un equipo en nuestra casa de ósmosis inversa y un descalcificador.

Otros tóxicos de nuestra alimentación son los estimulantes, la sal, el azúcar, alimentos refinados y las grasas.

El sol es la fuente máxima de energía que sin duda puede recibir tu cuerpo y lo tenemos gratis en la mayoría de las ocasiones, INCLUSO cuando está nublado los rayos ultravioletas están activos y penetran en tu interior.

Si quieres haz la prueba que a mí me funciona perfectamente, medita o visualiza con SOL, es un antes y un después de la visualización. Mis mejores visualizaciones las he tenido cuando he estado tumbado al sol, son tan potentes que entro en un estado theta muy profundo y reitero que solo me sucede cuando visualizo de cara al sol. Pruébalo tú, estimado lector, y dime qué has sentido.

¿Cómo descalcificar la glándula pineal?

Empieza por los beneficios del yoga ya que son una serie de ejercicios que permiten generar movimiento en la glándula y evitar su calcificación.

La meditación es necesaria para que la energía circule por tus chakras.

La musicoterapia con música vibracional positiva también nos ayuda a la descalcificación de la misma, pero, ojo, hablamos de música con melodías de relajación a frecuencias de 432 hertzios, no música de AC/DC. Mozart es una de las más idóneas.

Se ha comprobado en estudios recientes que la música inarmónica (metal, rock, etc.) induce tal sobrecarga de frecuencias elevadas que esas frecuencias se captan en forma de vibración negativa por parte del oyente generando estrés y nerviosismo. Recuerda: vibraciones similares vibran juntas, si escuchas ese tipo de música, vibrarás en su frecuencia por ley de la atracción.

Los baños de SAL son un método muy habitual que funciona perfectamente en este caso: una vez a la semana, disuelves unos dos kilos de sal marina en una bañera con agua caliente y te sumerges en ella durante quince minutos. Este proceso aumentará el pH de la sangre y tu melatonina, y por lo tanto, descansarás mucho mejor.

La activación del tercer ojo mediante la visualización

El 6º chakra del tercer ojo, o también llamado Ajna, está situado entre las dos cejas, en la hendidura de la frente; asociado con la glándula pineal y pituitaria, con los ojos, el cerebro, con los colores índigo y púrpura; representando la percepción, la intuición y el conocimiento.

Durante años, el tercer ojo fue incluido en el terreno de lo mítico, pero en la actualidad la ciencia cree haber establecido una conexión entre él y la glándula pineal y pituitaria. Tus dos ojos te dan dimensión en el mundo normal; el tercer ojo te da la visión, la profundidad y la dimensión de los mundos sutiles.

Su función es ver lo invisible y conocer lo desconocido.

Es el centro de la intuición y de nuestra conexión directa con la fuente infinita de sabiduría.

Para su activación debes cerrar los ojos y empezar el mismo proceso que hacíamos para la técnica de visualización.

Cuando estés en ondas alfa, imagina que llevas tu atención al punto entre las dos cejas (donde se encuentra situado tu tercer ojo) y una vez que llevas la atención en este punto siente una luz muy profunda que irradia desde él hacia el Universo.

Vas a notar posiblemente una fuerza magnética o cosquilleo que sale del tercer ojo, eso significa que el punto energético se está abriendo.

Yo uso varias técnicas de visualización, pero es cierto que últimamente utilizo la técnica de la irradiación del tercer ojo.

Visualizo que sale un cordón de energía blanca y pura de mi tercer ojo y de mi corazón y ambos "cordones" energéticos se pierden hacia la luz de la fuente que está en el Universo infinito y sé perfectamente que esa conexión se realiza realmente. Una vez veo y siento esta conexión es cuando invoco a mi alma "YO SOY en mí, invoco a mi ALMA" y de esta manera conecto con mi quinta dimensión.

Esta técnica la utilizo sobre todo para conectar con mi maestro o guía espiritual y en estado de meditación preguntarles dudas que tengo sobre determinados temas o lo que se me ocurra, y la utilizo porque sé a la perfección que el tercer ojo está actuando de manera directa con el Universo o con Dios.

Beso en el tercer ojo

El beso en el tercer ojo es una experiencia maravillosa y unifica a los seres que lo practican. Puede practicarse con la pareja, con los hermanos, los hijos o hijas y con los amigos. Nos despierta sentimientos muy profundos y sanadores, es un método para sanar viejas dolencias espirituales.

Personalmente la practico con mis hijas, siempre les doy un beso en el tercer ojo en lugar de la mejilla porque sé que a ellas les beneficia considerablemente.

Beneficios del beso en el tercer ojo:

➢ Mejora la confianza en sí mismo.

➢ Aumenta la autoestima.

➢ Reduce los efectos negativos del trauma emocional o físico.

➢ Mejora la imagen del cuerpo.

➢ Mejora el empoderamiento personal.

➢ Mejora la salud emocional.

➢ Mejora el sentido de uno mismo.

➢ Mejora la capacidad para hacer frente a la pena y la pérdida.

La forma de practicarlo

Al besar cierra tus ojos y piensa en un triángulo con

sus tres lados iguales, en el ángulo superior está Dios, y en los dos inferiores las dos personas que interactúan en esta bella demostración de amor.

Dar un beso en el entrecejo es una experiencia gratificante; al practicarlo con amor ayudas a activar la glándula pineal y pituitaria, con esto se unen las dos almas con el alma del creador, dándole a la persona un sentimiento de amor, de paz, de armonía, bienestar y seguridad.

Un beso en la frente sana el alma

Es como besar el alma de otra persona. Al recibir un beso en la frente, el beso en sí despierta y activa, en esencia, tu tercer ojo, liberando así la melatonina.

También aumenta tu percepción, intuición y conexión con la esencia superior que todos poseemos. Por lo tanto, no solo te beneficiarás de una buena noche de sueño y un estado de conciencia más profundo, sino que también sentirás una oleada de amor con y desde la persona que tuvo la grandiosa disposición de besarte en la frente.

Si quieres activar el tercer ojo de alguien especial para ti, simplemente besa su frente entre las cejas. Mientras haces esto, envía mensajes de compasión y bienestar a la persona que estás besando.

Esto se ha mencionado en muchas escrituras antiguas, pero no te quedes solo con las palabras, estimado lector.

La próxima vez que se te presente la oportunidad de dar un beso en la frente a un miembro de tu familia que amas y cuides, dáselo. Cuanto más lo hagas, más resultados verás.

CAPÍTULO SEIS

MÉTODO VOLATHIUM

Método VOLATHIUM: ¿Cómo alcanzar los derechos de nacimiento? Amor, dinero y salud...

Estimado lector, toca la hora de ayudar a los demás y no solo ayudar a vencer su realidad sino ayudar a que igual que tú alcancen los derechos de nacimiento que el Universo nos brinda a todos, pero a los que solo el 3% puede acceder por este conocimiento que estamos aprendiendo.

Todos tenemos estos derechos de nacimiento, todas las almas que reencarnan en esta vida venimos con abundancia en amor, salud y dinero, pero nuestro sistema de creencias nos coacciona constantemente, tal y como hemos aprendido a lo largo de este camino juntos.

Todos los conocimientos que he aprendido a lo largo de mi vida sumados a mis experiencias propias vividas como aprendizaje me han permitido crear un método sencillo y muy práctico para que podamos acceder a la abundancia en el amor, salud y dinero: este método se llama **método Volathium.**

Volathium es un método que funciona por igual para atraer todo lo que necesites en tu vida, pero vamos a enfocarnos en el amor, salud y dinero.

No te olvides que el método debes usarlo como un *pack*, no quiero que lo hagas individual, es decir, quiero que uses el método Volathium para tener las tres áreas maestras o derechos de nacimiento en tu vida porque te

222

lo mereces y porque los demás se merecen que hagas lo mismo con ellos.

El que tiene dinero suele tener salud y suele tener amor y el que tiene amor suele tener salud y, por lo tanto, dinero o el que tiene dinero suele tener amor y salud, entonces, ¿no te parece que lo ideal es conseguir el *pack* completo?

Te invito a que practiques el método Volathium desde hoy y verás los resultados.

MÉTODO VOLATHIUM EN EL AMOR

Manejo de los principios en el amor

Estimado lector esta parte es puramente de resumen y de aplicación de las leyes o principios, pero sobre todo reforzaremos el principio del mentalismo y del ritmo.

Simplemente recuerda que en el equilibrio está el éxito en todo ya que si nos pasamos podemos generar un potencial excesivo y el péndulo dar la vuelta posicionándose en el lado contrario.

¿Cómo evitar un potencial excesivo en el amor?

Eliminando el apego por completo. El apego genera una relación tóxica porque el apego es la carencia manifestada de falta de amor en la infancia que se refleja como un control excesivo de pertenencia hacia nuestras parejas.

Para manejar el principio del ritmo en el amor lo primero que debemos hacer es ver a nuestra pareja como un complemento de vida, pero no nuestra vida. Todo lo que genera una obsesión por hacer feliz a la otra persona genera una vibración tensa porque tenemos que alcanzar un resultado extraordinario.

Esta vibración genera una vibración negativa que por ley de la atracción causará situaciones negativas. Situaciones negativas provocan un potencial excesivo ya que la persona enfoca mucha atención en la relación llegándose a obsesionar por la otra persona.

El polo opuesto del amor es el odio y del amor al odio existe un paso, dice el refrán, y en efecto ese paso es generar un potencial excesivo que hace que el péndulo polarice al lado o extremo contrario (odio) en lugar de amor.

Las relaciones de pareja tienen que ser sencillas, sin esfuerzo, en piloto automático y sin generar potenciales excesivos.

En una de mis relaciones ya te he contado antes que yo he generado un potencial excesivo en toda regla porque literalmente me obsesioné tanto por hacer feliz a mi pareja que di la vuelta al péndulo posicionándome en el polo opuesto que vibraba en negatividad y desesperación.

Para mí una relación de pareja tiene que fluir con una vibración de calma y tranquilidad, por ponerte un ejemplo, debe ser la misma seguridad que tienes en que la panadería de la esquina vende pan todos los días. ¿Verdad que siempre tienes pan y no te obsesionas? Pues lo mismo pasa con las parejas que realmente se aman desde la neutralidad y no desde la obsesión.

Las parejas que funcionan son aquellas que tienen libertad y que permiten a la otra persona avanzar junto a ella en su vida, juntos, pero no fusionados. Si tu mujer te dice que quiere irse de compras con sus amigas, tú, estimado amigo no pintas nada, de igual manera que si a ti te dice tu marido que se va a jugar al futbol con sus amigos, tú no pintas nada, estimada amiga mía.

Lo que sí es evidente es que para traer amor siempre tienes que vibrar en amor porque de lo contrario no podrás atraerlo. Si vibras en la frecuencia del amor por ley de la atracción atraerás amor a tu vida, pero si vives en la frecuencia del rencor y del odio es muy posible que no solo atraigas eso a tu vida, sino que alejes toda vibración amorosa en tu vida.

¿Te has dado cuenta que cuando estás de buen humor la gente te responde de otra manera? Este dato es importante porque realmente puedes hacer un ejercicio hoy mismo o sino mañana y lo comprobarás tú mismo. Yo lo hago y es impresionante.

Cuando te levantes y hagas tu meditación diaria o visualización, visualízate en el día que vas a empezar ayudando a la gente de tu entorno, siendo simpático con tus compañeros de trabajo, saludando a la gente en el ascensor, piensa y visualízate dando amor a los demás.

Cuando acabes, visualízate a ti mismo con una luz blanca o dorada emergiendo de tu corazón en un radio de tres metros alrededor de tu cuerpo. Posteriormente agradece por la posibilidad que vas a tener en este día para que te sucedan cosas preciosas y llenas de amor.

Por favor, observa a la gente con la que coincidas ese día y siente cómo ellos te sienten mucho mejor. A mí me funciona y es absolutamente impresionante. ¡Disfrútalo!

Las creencias limitantes en el amor, su abordaje

Ya hemos estudiado que una creencia es una idea grabada a fuego en nuestro subconsciente que se ha formado por alto impacto emocional y mucha repetición. Imagina que durante los primeros ocho años de edad en los —que el subconsciente se encuentra completamente abierto—, escuchas a diario enfados entre tus padres y/o comentarios tipo "el amor es un desastre", "odio a los hombres", "odio a las mujeres", "tu padre se va a quedar solo toda la vida", "el amor verdadero no existe", "nunca te enamores porque te acaban haciendo daño", "no te fíes de las mujeres", "no te fíes de los hombres", "todos los hombres son obscenos", "todos los hombres sois iguales".

Si tú escuchas estos comentarios o ves a tus padres gritándose esto genera un alto impacto emocional y si se repite de manera constante se formará bajo la fórmula "alto impacto emocional+repetición", una creencia limitante afectiva que estará grabada a fuego en tu subconsciente.

Debemos recordar que el subconsciente, y en concreto el cerebro reptiliano, solo quiere tu protección por lo que si tu SAR (Sistema de Activación Reticular) capta cualquier mensaje del exterior que puede hacerte daño, automáticamente cierra cualquier tipo de estímulo que tenga el sello de afectivo.

Esto genera personas que por mucho que quieran no pueden ser afectivas ni dar ni recibir amor verdadero porque en su subconsciente está grabado que el amor es dañino y doloroso.

En este caso, en el que el problema viene de una creencia o de una convicción, la única forma de reprogramar es mediante una reprogramación desde la quinta dimensión (como es arriba es abajo) para que acabe llegando al plano físico donde está el problema.

Las experiencias negativas en el amor

El otro "camino" para crear una creencia limitante es por medio de una experiencia negativa que hayas padecido en tu vida amorosa.

Jurgen Klarick uno de mis maestros siempre dice que lo peor que te puede pasar es tener quince años y que esa chica o chico que tanto te gusta te dé un plantón en el baile de fin de curso delante de sus amigos o amigas. No nos engañemos, ese hecho es ¡dramático!..., y por supuesto marca tu subconsciente de manera directa.

Desde ese día el SAR (Sistema de Activación Reticular), el "portero de discoteca" de tu mente subconsciente NO permitirá "pasar a la discoteca" a cualquier chica o chico que pueda dañarte, eso tenlo garantizado.

La importancia del perfume y de los recuerdos

Un aviso, estimado despertador almático, como conozcas a una posible candidata o nuevo posible candidato y huela como tu expareja, querido amigo, no te pronostico mucho éxito en esta relación sobre todo si sufriste demasiado en esa relación.

El SAR permitió la entrada en tu subconsciente a través del olfato (único de los sentidos que no tiene filtro. Pase Vip en la discoteca y sin pedir acreditación por el SAR o portero), el perfume de tu expareja, pero ese perfume se ha quedado almacenado en tu subconsciente.

Cuando conoces a la persona nueva o futuro pretendiente y huele igual que la anterior, el subconsciente detecta el olor del perfume y automáticamente se produce el disparador de "advertencia: dolor emocional" por lo que tu **subconsciente y en concreto tu SAR o portero de discoteca** se cierra de manera automática a los siguientes estímulos sensoriales puesto que tu cerebro reptiliano lo único que quiere es tu protección, entrando a formar parte de esta fórmula la parte racional que intentará a toda costa racionalizar la relación y buscarle pegas por todos los sitios…

Los abandonos de los padres y su afectación en las relaciones amorosas de los hijos

Una de mis mejores amigas afirma con dureza e inflexibilidad que cuando conoce a un chico en su vida en el momento en el que la relación pasa a denominarse "noviazgo", ella automáticamente empieza a buscar fallos en la relación hasta destruirla.

Yo siempre le he preguntado cómo era la relación con su padre. Parece ser que su padre siendo ella pequeña desapareció de su vida produciendo una creencia en su subconsciente: **hombre- amor-dolor**.

Cuando esta amiga mía sentía algo más por un chico, automáticamente su subconsciente se activaba al generar el disparador del amor y con el único objetivo de protegerla, boicoteaba todo tipo de relaciones.

Su subconsciente tenía la creencia de que los hombres hacían mucho daño cuando sentía por ellos algo más que una amistad.

Dicen que normalmente buscamos parejas similares a nuestras madres porque ellas son las que se encargaban cuando éramos crías de alimentarnos, darnos calor y mucho amor y todo esto con independencia del sexo que seas.

Yo siempre he dicho que, si eres una mujer y conoces a un hombre, por favor, valora qué relación tiene con su madre porque tendrá la misma contigo o similar.

Si eres hombre y conoces a una mujer es muy bueno conocer ese dato igualmente, pero también debes saber la relación que tiene con su padre porque es posible que busque un hombre similar a su padre.

Ojo, esto son datos estadísticos, lógicamente si tu padre te hizo daño emocional, tu cerebro reptiliano desechará de tu vida a aquellos hombres que se parezcan física y emocionalmente a tu padre.

Método Volathium para atraer el amor

Vamos a explicar cómo reprogramar una creencia o convicción limitante utilizando nuestro método Volathium.

PASO 1. Identifica tus verdaderas creencias respecto al amor en tu consciente.

Llegados a este punto necesito que hagas un estudio íntimo y muy personal en referencia a tu vida amorosa y a tus creencias respecto al amor. Este paso es VITAL para poder identificar tus creencias limitantes y debemos preguntarlo directamente al subconsciente primero y posteriormente, a la mente analítica.

De esta forma, estaremos preguntando directamente a los dos hemisferios (al derecho, subconsciente) y al izquierdo (consciente) aunque recuerda que el que gobierna **el 95%** de tu comportamiento es el inconsciente.

Cambiar las creencias es un proceso lento y continuo que se denomina *desaprender*, ya que de lo que se trata es de borrar todas las creencias aprendidas a lo largo de nuestra vida.

Tenemos que modificar los hábitos de pensamiento y crear nuevos hábitos.

Toda creencia está sostenida por pensamientos repetitivos asociados a una emoción negativa (ira, frustración, etc.) y por eso te recuerdo la famosa frase: tus creencias–pensamientos–emociones–acciones y resultados.

Antes de entrar en tu subconsciente quiero que contestes muy sinceramente a estas preguntas y en este caso vamos a dejar "hablar a la parte más racional" o a tu hemisferio izquierdo. Posteriormente, preguntaremos a tu hemisferio derecho entrando a tu subconsciente y trabajando dentro de él.

Por ahora, necesito que te relajes y que hagas este ejercicio con la máxima sinceridad posible.

P1: Valora tu situación amorosa.

¿Actualmente tienes pareja? ¿Es una pareja estable? ¿Es un compañero, un amante o un amigo?

Resultado: Mi situación amorosa es:

_____

P2: ¿Tu mamá te daba y demostraba mucho amor cuando eras pequeño/a? ¿Era cariñosa contigo?

Resultado: Mi mamá cuando éramos pequeños era:

_____
_____
_____

P3: ¿Tus padres demostraban amarse entre ellos? ¿Existía una relación llena de amor entre tus padres cuando tú eras pequeño o pequeña?

Resultado: _____

P4: ¿Te cuesta decirle a tu madre *te quiero*?

Resultado: _____

P5: ¿Te cuesta decirle a tu padre *te quiero*?

Respuesta: _____

P6: ¿Te consideras una persona que demuestra su amor a los demás? ¿Cariñosa al hablar, te gusta abrazar?

Respuesta:

_____

P7: ¿Te gusta que tu pareja te demuestre su amor con abrazos? ¿Eres de los que achuchan a sus parejas?

Respuesta: _____

P8: Si te equivocas con alguien al que amas, ¿es sencillo para ti pedirle perdón desde lo más sincero de tu corazón?

Respuesta: _____

P9: ¿Cómo eres con tus hijos? ¿Demuestras cariños con frases amorosas y con gestos amorosos?

Respuesta: _____

_____

P10: ¿Te has enamorado alguna vez?

Respuesta: _____

P11: Contesta con sinceridad: ¿Te amas? ¿Saldrías contigo si fueses un pretendiente o pretendienta?

Respuesta: _____

_____

P12: ¿Cuando haces el amor, haces el amor o es sexo duro sin sentimientos?

Respuesta: _____

Ahora quiero que repases las respuestas y las "mastiques" con calma. Quiero que saques una real conclusión: **¿Crees que tienes una creencia limitante o no con el amor?**

Respuesta: _____

_Ok_, si has respondido que SÍ, ¡enhorabuena! ¡Hemos hecho consciente nuestro subconsciente!

Paso 2. Averigua lo que dice tu subconsciente

El siguiente paso es averiguar en tu subconsciente cuál es tu creencia o creencias limitantes sobre el amor, para ello debemos entrar en fase alfa mediante la técnica regresiva del 3 al 1.

1.- Ponte cómodo, desconecta el teléfono de posibles llamadas, y prepárate para realizar una inducción con la técnica del 3 al 1.

2.- Cierra los ojos y haz una respiración profunda mediante la técnica respiratoria 3-9-6 (inspira 3 segundos, aguanta 9 segundos y exhala 6 segundos).

3.- Comenzamos con la cuenta del 3 al 1: piensa en el número 3, 3 veces, en el 2, 3 veces, en el 1, 3 veces, ya estarás en la profundidad alfa.

4.- Comenzarás a visualizar tu cabeza empezando por la coronilla y luego vas descendiendo poco a poco sintiendo el espacio oscuro que existe entre la cabeza y el respaldo de tu asiento. Concéntrate en el cuero cabelludo, posteriormente en la nariz, la garganta, el cuello, el pecho, tu abdomen, tu cadera, tus rodillas, y tus pies. Se trata de recorrer todo tu cuerpo desde la coronilla hasta los pies.

Una vez estés en tu estado alfa, hazle esta pregunta a tu subconsciente:

"Subconsciente, por favor, muéstrame lo que me frena la recepción del amor en mi vida".

Ten un papel preparado y un bolígrafo para apuntar en este estado alfa y con los ojos cerrados la primera información que te venga a la cabeza. No las juzgues o cuestiones, escribe todo lo que aparezca.

Paso 1/B

Una vez tengas esta información, **OBSERVA** la sensación que esta emoción negativa te produce en el cuerpo. ¿Te sientes frustrado?, ¿te sientes desgraciado?, ¿te sientes deprimido? Percibe si has cambiado tu respiración o cualquier signo físico. Solo observa lo que te sucede si es que te sucede algo...

Paso 1/C. Admite la creencia limitante que hayas detectado.

Este paso es importante, debes admitir que tienes tal creencia y quizás incluso puedas admitir qué es lo que te ha llevado o te está llevando a tu situación actual. Esta confesión es entre TÚ y tu subconsciente por lo que nadie te va a juzgar ni castigar, tranquilo por eso.

Paso 1/D. Declara y admite en voz alta la emoción que te limita.

Declara la emoción que te limita, declara tu creencia limitante en voz alta. Explicar la verdad sobre ti rompe los vínculos emocionales, acuerdos, recuerdos, dependencias, apegos y egocentrismos sobre tu creencia.

Paso 1/E. Entrégate: abandónate a un poder superior y deja que resuelva tus creencias limitantes.

El mismo Einstein decía que ningún problema puede resolverse desde el mismo nivel mental que lo creó.

Ya tienes identificada tu creencia limitante con el amor, ahora toca dejar ayudarte por el poder superior. Entrega tu creencia limitante de forma sincera, humilde, honesta, clara y apasionada.

Paso 3. IDENTIFICAR con mucha claridad lo que deseas, TUS METAS

Ya hemos explicado en multitud de ocasiones que el Universo escucha lo que nuestros pensamientos y emociones envían a través de las frecuencias vibratorias.

Lo más importante es tener claro lo que queremos y así pedir el deseo con fuerza y determinación.

Igualmente, debemos siempre pensar en lo que queremos y no en lo que no queremos porque la energía se concentra en lo que nuestros pensamientos dominantes dirigen al Universo (el efecto observador).

Si estás pasando una crisis sentimental es normal que pienses en mensajes negativos con respecto al amor, pero en este programa estamos intentando reprogramar tu situación y darle la vuelta por lo que cada vez que tengas un pensamiento negativo, páralo, di en voz alta "no lo acepto, la verdad es…" y concéntrate en el pensamiento positivo o de abundancia.

Ahora quiero que escribas en un papel en dos o tres minutos tus metas principales en el tema del amor. Te aviso, tan solo el 3% de las personas son capaces de hacer este ejercicio de manera correcta porque el subconsciente está más que acostumbrado a esas creencias limitantes que son las que afectan a tu vida.

Las metas deben ser claras, cuantificables y con un plan de acción específico.

Las metas tienen que ser tangibles, especifica con exactitud el tipo de persona o amor que quieres tener, por ejemplo, en un plazo de cinco años. Imagina tu pareja ideal, intenta NO asociar a una persona en particular porque estarías generando un problema con su libre albedrío.

Imagina cómo te trata esta persona que tanto anhelas, imagina cómo te hace sentir, imagina su físico, su sonrisa, su empatía contigo. Esto permite a tu SAR estar activo y empezar a poder dejar pasar información a través del sentido de la vista compatible con lo que deseas en el plano amor.

Tus metas deben ser deseadas desde el corazón, que puedas sentirlas para empezar a tener una acción y para generar la acción debes tener la intención asociada. Recuerda que el Universo conspira a tu favor siempre y cuando tú demuestres que haces acciones para alcanzar tus deseos. Sentado en el sofá no te va a funcionar, querido despertador almático.

Vamos a intentar tan solo con cinco renglones, tómate el tiempo que necesites.

Meta 1: _____

Meta 2: _____

Meta 3: _____

Meta 4: _____

Meta 5: _____

Paso 4. Comenzamos la reprogramación de tu CONSCIENTE antes que la del subconsciente

Este paso es necesario hacerlo así porque, aunque es cierto que el subconsciente es el que va a reprogramar la creencia, es más sencillo si tenemos el apoyo del consciente o cerebro analítico. Recuerda que en la ley del mentalismo hablamos del equilibrio ALMA-MENTE, es decir, el alma es la parte subconsciente y la mente es la parte consciente.

Para ello, debemos APRENDER nuevas programaciones como hiciste cuando te aprendiste la tabla del 3 de multiplicar, ¿cómo lo hiciste? A base de repetir, repetir y repetir, pero en este caso debes ponerle emoción al decreto o decretos para que sea más creíble.

Mi recomendación es que hagas estas afirmaciones varias veces al día, por ejemplo, nada más levantarte, en la ducha, en la caravana de tráfico, etc.

¿Recuerdas que en algunas ocasiones que has mentido en algo te has creído la mentira? Esto es porque la repetiste tantas veces que te la creíste.

Si a las afirmaciones puedes acompañarlas de SO-BREACTUACIONES, es decir, finge tu mentira para que se haga realidad, el resultado será más estable.

Ejemplo de declaraciones, te adjunto las que a mí siempre me han funcionado.

1.- Yo atraigo a mi pareja ideal en este momento.

2.- YO soy muy atractivo.

3.-Yo hago que los demás se sienten bien conmigo.

4.- Estoy atrayendo hacia mí a mi pareja ideal.

5.-Mi pareja ideal es perfecta para mí.

6.- Yo soy un imán para las mujeres (o para los hombres).

7.- El amor fluye hacia mí.

En las declaraciones debemos tener cuidado para que no nos genere un bloqueo nuestro propio SAR porque no se crea lo que decretas. Ojo con eso.

Paso 5. Creación de la vibración del deseo en el amor

Lo primero que debemos hacer para atraer la vibración del amor **es sin duda AMARTE primero a ti** y luego, conseguirás atraer el amor de tu vida hacia ti. Este detalle es importante porque RECIBES lo que DAS y si tú NO puedes DAR amor es posible que no puedas recibirlo.

Cuando tú estás enamorado de ti mismo y vibras en amor, vibras en una frecuencia vibratoria que por ley de la atracción te permitirá atraer más frecuencias de ese estilo por lo que será muy sencillo que atraigas al amor de tu vida hacia ti.

Estimado lector, en mi práctica profesional cuando he dado formaciones de neurociencia a los colectivos dentales siempre les he preguntado cuál es su valor añadido frente a otros dentistas, es decir, cuáles son sus PUV (Propuestas Únicas de Valor); ¿sabes lo que más me ha llamado la atención?

La gran mayoría de los dentistas NO supo responder ni detallar cuáles son sus puntos fuertes, aquellos que los hacen diferentes a los demás. Estimado lector, si no te vendes no te compran, por lo que lo primero es enamorarte de ti mismo para enamorar a los demás.

Cuando una persona NO sabe cuál es su propuesta única de valor esa persona no se cree lo que vale y reitero, si no te crees lo que vales nunca vas a vibrar en la frecuencia del amor verdadero porque sinceramente no puedes dar lo que no tienes.

Primero, debes conocerte a ti mismo y hacerte esta pregunta: ¿me enamoraría de mí mismo?, es decir, en mi caso si fuera una mujer, ¿me enamoraría de Gustavo?... Esta pregunta es muy dura, pero es muy sincera porque en la respuesta entenderás todo.

Otra pregunta que quiero que estudies con tranquilidad y que respondas con la más sincera respuesta posible es acerca de tu PUV (Propuesta Única de Valor).

Estimado amigo mío, ¿cuál es tu propuesta única de valor que te hace diferente a los demás?, ¿cuál es tu esencia DIVINA que habla desde tu corazón? ¿Sabías que cada uno de nosotros venimos del otro lado del "velo" con una PUV única que marca nuestros anhelos del alma?

Ahora quiero preguntarte a ti: ¿cuál es tu PUV? Para contestar te recomiendo que cierres los ojos, respires profundamente y que incluso realices la fase de inducción habitual para entrar en fase alfa y puedas entrar en la 5ª dimensión, en tu supraconsciente. Pregunta con honestidad a tu subconsciente y la primera respuesta que te venga apúntala en un papel con los ojos cerrados.

¿Cuál es tu PUV?

_____
_____
_____
_____
_____

Si has escrito muchas PUV, enhorabuena, te vendes muy bien, pero yo me refiero a tu propuesta ÚNICA de valor, única es única, solo UNA que te diferencia o te hace especial.

Repitamos el ejercicio:

¿Cuál es tu PUV?

Mi propuesta única de valor es:

_____

_____

_____

Ahora sí, estimado lector, tu alma se ha insinuado.

Ahora vamos a ir un poco más en detalle. ¿Cuál es tu PUV en el amor?

¿Qué te diferencia de los demás en el plano amoroso?

Mi PUV en el amor es:

_____

_____

_____

Entonces refuerza esa PUV sin duda alguna, si tienes una PUV en el amor que es ser detallista, trabaja y explota ese factor. Sé DETALLISTA contigo primero, cuídate, trátate bien y sobre todo sé feliz contigo mismo. Cuando seas detallista contigo mismo generarás una vibración de frecuencia "detallista" que atraerá personas detallistas a tu vida.

Si eres una persona con un PUV cariñoso, sé cariñoso contigo primero, háblate con respeto, cuida tus palabras que sabes que son el pensamiento hablado, trátate de forma cariñosa y verás como por ley de la atracción comenzarán en tu vida a pasar personas tremendamente cariñosas.

Conozco una "amiga mía" que es una mujer tremendamente "seca" y que puede rozar incluso la mala educación, ¿adivinas qué tipo de parejas atrae? Parejas del mismo estilo que ella, parejas que vibran en la misma frecuencia vibratoria que ella.

Por lo tanto, estimado despertador, la única forma de poder vibrar en la vibración del amor es AMARTE A TI MISMO por encima de todos.

No lo olvides…

Paso 6. Nueva programación 5ªdimensión

En definitiva, siempre aplicaremos la misma fórmula de programación y es "acudir" a nuestra quinta dimensión (la dimensión de las opciones infinitas), elegir una nueva "vida basada en la abundancia en el amor", sentirla como si ya la tuviéramos y confiar con FE en que el Universo con el tiempo nos la otorgará.

Como siempre se trata de instalar el nuevo *software* en nuestra quinta dimensión para que por ley de la correspondencia (como es arriba es abajo), bajemos a la 4ª dimensión y posteriormente a la 3ª dimensión o plano físico o material.

Recuerda la teoría del espejo dual de mi maestro Lain García Calvo: en un lado está la imagen y en el otro, el reflejo. Lo que tienes que hacer es irte al otro lado del espejo, a la imagen, no al reflejo y esto solo se consigue reprogramando tus creencias limitantes con el amor.

Para entrar en nuestra 5ª dimensión debemos encontrarnos en ondas cerebrales alfa o theta, que son las ondas de la creatividad y creación.

Tendremos que acceder a nuestro estado alfa como es habitual:

1.- Ponte cómodo, desconecta el teléfono de posibles llamadas, y prepárate para realizar una inducción con la técnica del 3 al 1.

2.- Cierra los ojos y haz una respiración profunda mediante la técnica respiratoria 3-9-6 (inspira 3 segundos, aguanta 9 segundos y exhala 6 segundos).

3.- Comenzamos con la cuenta del 3 al 1: piensa en el número 3, 3 veces, en el 2, 3 veces, en el 1, 3 veces, ya estarás en la profundidad alfa.

4.- Comenzarás a visualizar tu cabeza empezando por la coronilla y luego, vas descendiendo poco a poco sintiendo el espacio oscuro que existe entre la cabeza y el respaldo de tu asiento. Concéntrate en el cuero cabelludo, posteriormente en la nariz, la garganta, el cuello, el pecho, tu abdomen, tu cadera, tus rodillas, y tus pies. Se trata de recorrer todo tu cuerpo desde la coronilla hasta los pies.

5.- Comienza a visualizar la vida que quieres en tu futuro o tus metas indicadas anteriormente de manera completamente específica como si fuera tu presente y realiza la técnica del recuerdo de haberlo conseguido que hablamos en la parte de la ley del mentalismo. SIENTE, SIENTE Y SIENTE tu presente deseado y recuerda cuando lo conseguiste.

6.- Una vez que acabes de visualizar SIEMPRE AGRADECE porque el Universo te ha concedido tu deseo.

No olvides que el proceso de la ley de la gestación requiere tiempo y persistencia, no abandones nunca y ten mucha FE porque los que tienen fe alcanzarán su deseo.

Paso 6. Déjalo ir

Importantísimo: ya hiciste tu pedido, ahora debes dejarlo ir para que no generes potenciales excesivos. Cuenta con ello ya que el Universo siempre está a tu favor, no lo olvides nunca.

Paso 7. Modela al mejor y pon tu esencia

Muy importante este punto, estimado lector. Debemos copiar al mejor de cada una de las tres áreas maestras. En este caso copia y modela al mejor *"lover"* que exista en la tierra.

Estudia sus pasos, su corporalidad, su esencia, lo mucho que entrega a los demás, lo mucho que los demás le quieren y añade tu "truco" personal. Esto es lo que denominamos modelar al campeón, puesto que, si los demás pueden, te aseguro que tú también.

Paso 8. Corporalidad y esencia del deseo ya cumplido

Finge que ya tienes el amor de tu vida, si es lo que deseas. Prepara la casa para él o para ella. Haz hueco en tu mesita de noche, deja sitio en el baño, prepara más toallas en el armario, finge, finge y finge que ya vive contigo en casa.

Respecto a la corporalidad es necesario que actúes como si el amor de tu vida ya estuviera contigo. Yo mismo en muchas ocasiones cuando he viajado en coche y viajo solo, pongo la mano en el asiento derecho y finjo que estoy agarrando de la mano a mi alma gemela.

Cuando me voy a dormir muchas veces finjo que la almohada es la cara de mi alma gemela y la acaricio deseándole las buenas noches.

Adopta una corporalidad de persona segura de sí misma, atractiva y sensual para poder atraer al amor de tu vida, que sin duda se fijará en tu presencia.

Paso 9. Acción masiva

Ya te lo he avisado en varias ocasiones, estimado lector. Necesito que actúes. Si no mueves la energía del deseo, te aseguro que es posible que nunca lo consigas. No podrás conseguir el amor de tu vida si no sales de casa y estás todo el día en el sofá, pero añado más, si por alguna casualidad te cruzas con el amor de tu vida atravesando la calle y recreando una historia típica de cine, por favor, valora el regalo que el Universo te ha dado.

El Universo te dará lo que tú le has dado y sobre todo si además has conseguido ayudar a alguien en tu vida.

19 tips para entender el amor y hacer que la llama se mantenga

Lo primero que debemos tener claro es que no es bueno pensar cómo quieres que sea tu pareja en sí, **sino cómo quieres que te haga sentir** porque recuerda que cuando uno genera una emoción provoca una vibración muy poderosa que es la del amor.

Vamos a enumerar una serie de tips que pueden servirte para atraer a tu nueva pareja.

Tip 1. Debes estar programado en la vibración del amor

Este tema ya lo hemos hablado anteriormente, debes haberte reprogramado e introducido el *software* del amor para que por LEY de la ATRACCIÓN puedas atraer por vibraciones similares a la vibración del amor.

Tip 2. Debes cerrar tus relaciones anteriores sí o sí

No puedes empezar una verdadera relación amorosa con una relación energética pendiente anterior. Esto es así de imperativo. El dicho "un clavo saca a otro clavo" me parece tan incierto como decir que tú puedes olvidar a la persona con la que has convivido de la noche a la mañana de rápido. Todo tiene un duelo y debes respetar los tiempos, pero nunca empieces una relación nueva sin haber culminado la anterior.

Una vez leí que lo peor que nos puede suceder en el campo del amor es no saber en qué situación está la pareja.

Los trucos **"necesito tiempo"** son excusas sin sentido para hacer que tu pareja se prepare ante el impacto de lo anunciado. Una pareja que funciona no necesita un tiempo, ni necesita alejarse, no sea que de tanto alejarte no encuentres el camino de vuelta.

No hace falta acabar mal con tus exparejas, más bien siempre deberíamos acabar de manera elegante y diplomática, porque SIEMPRE debes agradecer lo que has aprendido con ella o con él ya que entre otras cosas estaba pactado el aprendizaje en vuestro contrato prenatal.

Agradece la experiencia que has sentido y valora lo que has aprendido de esta relación, pero lo importante y para mí más trascendental es que no puedes enterrar a un muerto que no ha muerto, es decir, no puedes cerrar una relación que se encuentra en *stand by* o en un "nos estamos dando un tiempo".

Como decía Jesús "no puedes cabalgar dos caballos a la vez", esto es importante.

Tip 3. Despierta de tu realidad

Esta parte es cruda, pero sincera. Valora cómo está tu relación y toma las decisiones que tengas que tomar para poder recuperar tu derecho de nacimiento que es el amor. No te mereces estar con una pareja en la que no exista el amor, por derecho a esa persona, por derecho a ti y a tus hijos, si los tienes. El amor debe ser sincero, no problemático.

Tip 4. Tu relación debe crecer junto a ti, no contigo

Imagina una escalera con varios escalones. Ambos debéis de subir a la vez el escalón, pero, por favor, no puedes subir el escalón evolutivo de tu vida llevando a la espalda a tu pareja o viceversa. Las relaciones vienen para enseñarnos algo y nosotros a ellas, sin embargo, estimado despertador almático, en algunas ocasiones es posible que al llegar a ese objetivo la relación se acabe porque el objetivo ya está cumplido, por eso siempre debes agradecer lo que esa persona hizo por ti.

Tip 5. Cuidado con los potenciales excesivos, el casarse

Creo que en mi vida personal es exactamente lo que me sucedió. La relación va perfecta en el noviazgo y cuando te casas, se acaba la relación.

Esto puede ser porque al casarte se puede crear un potencial colosal por exceso de importancia en la relación, que además lo has dejado por escrito en un contrato con la mismísima IGLESIA.

Ya no tienes vuelta atrás, provocas un potencial excesivo, la balanza se descompensa y nos polarizamos en el polo opuesto.

Tip 6. No alimentes el tonteo

Una relación de pareja puede destrozarse por un simple tonteo con personas secundarias. El tonteo es el límite entre lo que es "permitido" y lo que no lo es, pero lo que está claro es que cuando coqueteas estás emitiendo una vibración al Universo y un pensamiento que genera una emoción y una emoción crea un resultado.

Los tonteos son muy peligrosos porque SIEM-PRE acabas enganchado con la otra persona porque no generas un potencial excesivo, ya que no le das importancia porque crees que no lo puedes tener y así es como se forma la atracción.

Al no generar el potencial excesivo, mantienes el equilibrio, tus pensamientos son estables, vibras pensando en esa persona y esa persona en ti, por lo que con seguridad acabarás el día que menos te lo esperes teniendo algo más que un simple tonteo con esa persona.

En mi sector profesional la mayoría de los dentistas están casados con sus auxiliares dentales porque el roce hace el cariño y siempre el tonteo ha estado presente en cada una de esas parejas "casadas".

Siempre he tenido una premisa en mi vida y es que como tengas que trabajar con una compañera (en mi caso) que te atraiga física y emocionalmente, si no os interesa a ambas partes tener nada, no tontees ni un ápice porque ya sabes lo que pasa.

Tip 7. No estés desesperado por encontrar a tu pareja

Cuanto más deseas algo menos lo atraes a tu vida. Mentalízate: es imposible atraer algo con carencia porque vibrarás en esa vibración y, ¿qué crees que vas atraer? Pues, ¡carencia!

¿Sabías que las personas con anillo son muy atractivas?

La realidad es que se supone que al estar felizmente casado (también se puede estar felizmente casado, ehh), esa persona no necesita el amor de otra fuera de casa y esto causa una vibración energética muy atractiva porque en realidad esa vibración es la del amor.

Recuerdo que mis mayores éxitos en lo que se refiere a la atracción que tenían las mujeres conmigo era cuando estaba felizmente casado con Irene, ya que yo no necesitaba el amor fuera de casa.

Debes mentalizarte: cuanto más deseas algo, menos lo vas a tener.

Dicen que las relaciones más hermosas son aquellas en las que se han conocido en situaciones no deseadas o buscadas, entre otras cosas porque has permitido que el Universo te ponga a esa persona en ese camino.

Tip 8. Por favor, no visualices a una determinada persona

Esto es importante y yo he cometido ese error. Cuando dominas estas leyes puedes sentirte con suficiente poder como para atraer todo lo que quieres en tu vida. Cuidado, estimado despertador, no juguemos con esto.

Si tu pretendienta o pretendiente tiene una pareja o no quiere nada contigo, por favor, no pretendas atraerlo por el manejo de las leyes porque lo atraerás, pero con base en una vibración "forzada" y sin permitir el libre albedrío de la otra persona.

La otra persona va a sentir esa vibración y si no está preparada va a alejarse. A mí personalmente me ha pasado esto, he visualizado a una mujer en particular y lo que he generado es un potencial excesivo, alejándola cada vez más de mi vida.

Las personas que vibramos en la misma frecuencia, las almas gemelas sentimos a la perfección lo que la otra persona siente, aunque sea a distancia.

Cuando una persona piensa en ti y si vibra en la misma vibración que tú, esa onda de radio la captas sin interferencias y sentirás lo que esa persona siente.

¿Cómo actuar cuando sabes que la otra persona es tu alma gemela y tiene pareja?

Muy sencillo, alejándote de inmediato. Esto es muy simple, ¿te gustaría que te lo hicieran a ti? Si el destino es vuestro, deja que esa persona fluya en su relación y que aprenda lo que tiene que aprender hasta que culmine la misma. No tienes derecho en interferir en ninguna relación porque luego tendrás tu karma por la cumplimentación de la LEY CAUSA-EFECTO.

Cuando conoces a tu alma gemela y os reconocéis deja que el Universo se conjugue a vuestro favor. Sucederá cuando sea el mejor momento y eso solo DIOS lo decidirá, ojo, igual no es en esta vida, tú solo debes admitir el manejo de los tiempos que Dios te brinda.

Lo más bonito que puedes hacer cuando conozcas a tu alma gemela es decírselo con sinceridad y sin generarle miedo (cuidado con ese punto porque esa persona tiene que estar lista para escuchar esta información).

Una vez que esta persona ha sintonizado contigo, no hace falta que le cuentes en demasiadas ocasiones lo que sientes porque esa persona lo va a sentir sin que se lo digas.

Si esa persona tiene pareja debes respetar y alejarte de ellos porque deben completar ese aprendizaje en su vida y sobre todo porque no puedes sacar una relación sana empezando con engaños y siendo infieles.

Lo mejor que puedes hacer una vez que les has dicho que estás convencido que es tu alma gemela (tiene derecho en saberlo) porque así puede estar pactado (que primero uno reconozca al otro) es respetar su espacio, ayudarla en cuanto puedas, demostrarle que es lo más importante en tu vida, pero sin interferir en su relación.

Si esa pareja está pactada que es para ti, **el Universo o Dios te la entregará cuando sea necesario.** No corras, ya sabes que es tu destino, deja que todo evolucione.

Tip 9. No mendigues nunca el amor

¡Por favor, nunca mendigues el amor, nunca! El amor no se mendiga, el amor es lo más bonito que la vida puede entregarte o regalarte. No te permitas nunca perder tu dignidad y mucho menos rogar lo que te corresponde por ley de nacimiento.

El amor tiene sus propios límites y todos merecemos ser admirados, respetados, amados y reconocidos por nuestro valor y virtudes. Si hace mucho tiempo que nadie te lo ha dicho, no mereces no haberlo escuchado. Quien no sea capaz de reconocerlo no se merece tu alma.

¿Tip 10. Todo pasa por algo, se cierran puertas de bronce para abrir puertas de oro

¡Quiero que lo aprendas ya!, todo pasa por algo y cuanto antes nos demos cuenta mejor. Quiero que por favor escuches y veas este vídeo de SERGIO MELCHOR. Sergio tiene la maestría en su voz, no sabes lo que me ayudó cuando mi ex me dejó.

Lloré a litros cada vez que escuchaba este vídeo, pero este hombre, este maestro me ayudó a superarlo porque te hace entender la realidad de una ruptura.

Disfrútalo, ponte unos buenos auriculares y llora si lo necesitas porque si acabas de romper con una relación tienes que pasar por un duelo, y llorarás, llorarás mucho escuchando este vídeo, pero confía en mí, te ayudará. Aviso, es un mensaje que se enfoca en los hombres, pero, por favor, si eres mujer escúchalo igual porque no tiene desperdicio, ya que es aplicable a ambos sexos.

Tip 11. Nunca faltes el respeto a tu pareja ¡nunca!

Nunca faltes el respeto a tu pareja, ¡que no se te ocurra jamás!, porque el día que lo hagas has traspasado una línea demasiado importante en la relación. Estimado despertador almático, hazme caso, así fue como yo perdí una de mis relaciones: faltando el respeto a mi pareja.

Cuando faltas el respeto, insultas o haces daño a la persona que "amas" lo único que estás generando es una vibración negativa de mucha intensidad hacia tu pareja que por ley de la atracción traerá hacia ti o hacia ella cada vez más dolor y situaciones negativas que acabarán con la relación.

Recuerda que del "amor al odio" hay un paso y es completamente cierto, siempre y cuando generes un potencial excesivo que haga que el péndulo se descompense.

El amor es dar y recibir, es generar un respeto que debe ser sincero y a la vez, atrevido, con chispa, pero sobre todo que proceda del corazón.

Tip 12. Comenta lo que te hace sentir mal antes de que se haga más grande el problema

Esta parte es clave. Cuando algo te hace sentir mal de tu pareja, por favor, háblalo de inmediato antes de que vaya a más. Cada segundo que alimenta a TU EGO la situación es un porcentaje negativo hacia la fiabilidad de la pareja ya que el EGO está creado por el miedo. El miedo es de lo que te va a proteger tu cerebro reptiliano, recuerda, haciendo lo posible en cuanto detecte un riesgo para crear una "película" mental con situaciones en contra de tu pareja.

El EGO es el destructor de tu vida no lo olvides nunca.

Tip 13. Provoca emociones y placer emocional a tu pareja siempre

Ya sabes que el cerebro humano funciona por dolor o placer emocional. Lo que tienes que conseguir para que tu pareja te ame siempre y tú a ella es causarle placer emocional. Debes buscar actividades que os gusten, aventuras, situaciones graciosas, situaciones y encuentros que tu pareja recuerde con un gran placer emocional, solo de esa forma querrá siempre estar contigo.

Tip 14. Pregúntale por sus padres y en concreto, por su madre

Esto es fundamental, recuerda que las creencias que se han formado en el subconsciente de tu pareja se han creado entre los 0 a los 8 años de edad, otras han sido heredadas genéticamente (2%) y otras, por experiencias ya sean positivas o negativas.

Tu pareja ha seguido los pasos, generalmente, de su madre, ya que es la madre, casi sin duda, el referente de un niño o niña de esa edad, por lo que siempre que quieras conocer a alguien pregúntale como es su madre. **¿Sabías que la mayoría de las personas buscamos una pareja como nuestra madre?** Esta regla es igual para ambos sexos.

Evidentemente, en la regla siempre tenemos excepciones, pero por lo general buscamos en nuestra pareja un perfil similar al de nuestra madre, ya que ella es la que nos dio la seguridad y la protección con las que tu mente subconsciente se siente segura.

Tip 15. Mantén viva siempre la llama de la intimidad y de la sexualidad

La intimidad y la sexualidad son vitales para que una relación funcione. Una relación sin intimidad y sin sexualidad se convierte en una relación tóxica condenada al fracaso.

SI una pareja comienza a cambiar el sexo por TV o entra en monotonía corre el riesgo de perder interés, causando un resultado fatal

Si eres hombre y tu mujer no quiere tener sexo contigo, eso te causa una sensación de duda y de fracaso que provoca una espiral negativa y un potencial excesivo que hará que puedas perder tu virilidad y por consiguiente, una vibración de duda y miedo constante que atraerá más alejamiento a la relación.

Si eres mujer y tu marido no quiere tener sexo contigo, eso te forjará dudas sobre tu aspecto físico propio porque pensarás que ya no atraes a tu pareja. Cuanto más fuerces los encuentros, peor será, porque estarás generando un potencial enorme por exceso de importancia, lo que de nuevo generará una situación negativa con seguridad.

Por ejemplo: si llevas tiempo sin tener sexo con tu pareja y fuerzas un fin de semana, ambos sabéis que lo que se está buscando es el encuentro sexual a toda costa y si no se consigue, la frustración y los reproches empiezan a salir a la luz causando más negatividad y atrayendo más problemas a tu vida.

Si tu pareja no quiere sexo contigo lo último que debes hacer es forzar situaciones, porque te aseguro que son situaciones forzadas. El cese de la actividad sexual es debido a un bloqueo en el subconsciente por un disparador que la persona ha tenido en algún momento.

Lógicamente si tu subconsciente activa al SAR para protegerte (el portero de discoteca) este no va a dejar pasar a nadie, es decir, no vamos a dejar pasar sensaciones a nuestra mente primitiva y el sexo es la unión de muchas sensaciones captadas por los sentidos (vista, tacto, gusto, escucha y olfato), por lo que la amenaza es alta para el subconsciente.

Lo mejor que puedes hacer es hablar con tu pareja y comunicaros de manera efectiva para entender cuál ha sido el disparador del problema. En muchas ocasiones ni se sabe el porqué, es subconsciente en el 95% de los casos. Algo ha sentido el subconsciente de tu pareja que ha bloqueado a su mente, entrando la parte analítica como modo de emergencia.

¿Qué es lo que te recomiendo que hagas?

Ya estás despierto, usa tus conocimientos. Pregunta al Universo en tu meditación o antes de dormir qué es lo que ha pasado con tu pareja o si tú eres el que tienes el problema, pregunta qué es lo que lo ha generado....

Puede ir desde un sonido, un aroma, una frase o una escena que tu cerebro asocia como potente amenaza y que tú no seas consciente. Haz consciente tu subconsciente y una vez que sepas cuál es el problema, háblalo con tu pareja para llegar a un entendimiento.

Tip 16. Perdona y pide perdón si te has equivocado

Lo que más he valorado siempre en una relación personal es la facilidad con la que tu pareja te pide perdón o la facilidad con la que tú se lo pides a ella. Ojo, si tu pides perdón sincero desde el alma dice mucho de ti y viceversa.

La soberbia es para mí uno de los pecados más fuertes que existen y conozco, he conocido y conoceré mucha gente soberbia.

Si tú no puedes pedir perdón desde lo más profundo de tu ser deberías plantearte este problema, porque sí, es un problema.

Si tu pareja se equivoca y no te pide perdón nunca, cuidado con esa pareja porque de verdad si amas a alguien lo que menos quieres es que sufra cuando algo malo sucede y si tú te has equivocado debes pedir perdón SIEMPRE.

Yo tuve una pareja que nunca pidió perdón desde el alma, por eso entiendo que ahora ella es mi expareja. El poder del perdón es elevadísimo porque obliga a sacar ese sentimiento de dentro y no todo el mundo está preparado para hacerlo.

Tip 17. Si no te vendes, no te compran

Por favor, no pierdas tu atractivo físico nunca. Cuídate, haz ejercicio, aféitate, depílate, maquíllate, ponte en forma y sobre todo dúchate y ponte un buen perfume. Debes estar atractivo o atractiva, primero para sentirte bien y por consiguiente para seguir atrayendo a tu pareja.

El ser humano es visual, sobre todo el hombre. Si tú pierdes tu atractivo cuando te casas, no te cuidas, no te afeitas, hueles mal y no te duchas, puede suceder que en el trabajo tu mujer (o viceversa) pueda encontrarse con una persona que sí lo haga y lo que menos te puede pasar es que le llame su atención y te compare. Mantén siempre tu atractivo y no dejes de sentirte guapo o guapa.

Una aclaración**: **SI tu perfume no le gusta a tu pareja o le recuerda a una expareja suya, puedes cambiar de perfume de inmediato, porque como ya te expliqué el olfato es el sentido que entra directo al subconsciente sin el filtro del SAR****.

Tip 18. Escribe notas de amor y felicidad

Es un buen tip y no lo veas como algo demasiado "romántico". Cuando escribes en una nota lo que sientes o algún mensaje específico, por ejemplo, cada día dejar una nota de amor a tu pareja en la cafetera, te aseguro que os beneficia a ambas partes.

A ti, como redactor, te permite activar mediante la escritura áreas cerebrales que asociarán más directamente en el subconsciente el mensaje que has escrito. Si tú eres el receptor de la nota cuando la leas estarás tocando un papel y leyendo por lo que tendrás activo el sentido del tacto y de la vista. Si pones una pulverización de tu perfume en la carta estarás interactuando con tres sentidos muy poderosos (vista, tacto y olfato) por lo que el mensaje que pongas entrará mucho más directo.

Tip 19. Llévate bien con sus hijos

Si tu pareja tiene hijos, por favor, debes tratarlos igual que si fueran tuyos. Cuando una pareja empieza a tener problemas graves en la relación una de las prácticas muy comunes es hacer daño a los hijos de tu pareja, es decir, tratarlos mal o no como antes.

Si quieres conquistar a una nueva pareja y tiene hijos, lo importante es que te lleves muy bien con ellos porque la decisión de seguir o no una nueva relación puede estar marcada por ese pequeño detalle.

MÉTODO VOLATHIUM EN LA SALUD

Método Volathium en la salud

La salud es un estado de bienestar o de equilibrio que puede ser visto a nivel subjetivo o a nivel objetivo. El término salud se contrapone al de enfermedad, y es objeto de especial atención por parte de la medicina y de las ciencias de la salud.

Lo que sí es evidente es que ya a estas alturas podríamos decir que la salud es un estado de bienestar MENTAL y como consecuencia FISICO que debe estar en equilibrio y que puede ser visto a nivel subjetivo o a nivel objetivo.

Si te has dado cuenta he colocado la palabra MENTAL, porque recuerda como es arriba es abajo, y si en tu mente tienes afectado el equilibrio del bienestar mental, tendrás afectado el físico y viceversa.

Los médicos experimentados aseguran que la gran mayoría de los pacientes con enfermedades terminales ha sufrido años atrás algún incidente en su vida que le ha quitado la ilusión y ganas de vivir.

Todos conocemos y sabemos que los genes se modifican según nuestras emociones (ya lo vimos en capítulos anteriores) y esas emociones proceden de nuestros pensamientos y estos de nuestras creencias.

Te recuerdo de nuevo la fórmula: CREENCIAS-PENSAMIENTOS-EMOCIONES–ACCIONES- RESULTADOS.

El cuerpo es el templo del alma

"El cuerpo es el templo del alma"

Las diferentes religiones del mundo así lo dicen. Por ejemplo, en la India, la religión de los Hare Krishna habla del estuche que contiene el espíritu, en la católica también se menciona el alma que llevamos dentro, y así puedo seguir enumerando muchas otras más...

Entonces, tenemos un alma, esa energía que se mueve dentro de nuestro cuerpo, y por fuera de él también astralmente.

Siguiendo este razonamiento nuestro cuerpo es su "templo" y, por lo tanto, deberíamos cuidarlo, porque, aunque no está bien darle un excesivo valor, lo contrario tampoco es bueno.

Lo que sí es evidente es que un cuerpo sano genera una vibración positiva y llena de energía al igual que una vibración positiva y sana genera un cuerpo sano, pero en este caso el cuerpo físico debemos cuidarlo para que el alma se encuentre muy confortable.

Lain García Calvo siempre comenta la famosa triada de la salud:

1.- Pensamiento: sin duda el más importante.

2.- Movimiento: imprescindible para mantener la ley del ritmo y vibración.

3.- Alimento: primordial también, porque según de lo que nos alimentemos, vibramos más alto o más bajo.

La epigenética

La epigenética es un campo emergente de la ciencia que estudia los cambios hereditarios causados por la activación y desactivación de los genes sin ningún cambio en la secuencia de ADN subyacente del organismo.

Epigenética es una palabra de origen griego y significa literalmente "por encima (epi) del genoma". Esos genes se activan por nuestros pensamientos dominantes y ya comentamos en capítulos anteriores que más vale que a algunos genes los dejemos dormidos.

Este estudio parte de la base de que el exterior influye en el ADN. Por consiguiente, no se trataría solo de la combinación de material genético entre padre y madre. Esa misma secuencia de ADN sería susceptible de modificarse.

En particular, la alimentación puede influir en el ADN, así como otros factores como: la temperatura, fumar, el estrés o las emociones desagradables. En cualquier caso, es importante indicar que hay circunstancias comunes a un colectivo y otras individuales. Esta es la razón por la que en un colectivo aparentemente monolítico, hay diferencias en la disposición.

El enfoque habitual hoy en día es tener en cuenta este factor para tener una idea más aproximada. Para investigar el cáncer se tienen en cuenta aspectos de la epigenética, como en el reciente estudio del Instituto de Investigaciones Biomédicas de Bellvitge (Idibell):

"Descubierta una huella epigenética que predice la respuesta a la inmunoterapia en cáncer de pulmón.

Un estudio encuentra un biomarcador que explica por qué la inmunoterapia más común en tumores pulmonares solo funciona en uno de cada cuatro pacientes".

<u>¿Podemos hacer algo para mejorar nuestra calidad de vida?</u>

Sí, y de hecho no es demasiado complicado si te paras a pensar. La primera condición es que adoptemos hábitos de vida saludables que eviten los sobresaltos. Hacer ejercicio todos los días, comer sano, no fumar y dormir todos los días lo que corresponda, son hábitos convenientes.

Como principio general, hay que señalar que una vida feliz es una vida más sana. Aunque a la mayoría de la gente no se le escapa que hay relación entre todos estos conceptos, es necesario no olvidarlo. Así, no te llevarás sorpresas al cabo del tiempo porque asumirás responsabilidad en tu cambio.

Es importante romper con el paradigma tradicional de que todo lo determina nuestra herencia genética. Aunque el patrimonio que hemos recibido de nuestros progenitores es inmenso, eso no nos puede determinar de por vida.

Podemos hacer algunas cosas para mejorar la disposición de nuestro ADN. De hecho, el patrimonio genético heredado es, también, consecuencia de las acciones de los progenitores, de manera que podemos hacer mucho por nuestros hijos.

Aplicación del método VOLATHIUM en la salud

PASO 1. Identifica en tu consciente tus verdaderas creencias respecto a tu salud

(Mismo procedimiento que en Volathium-amor)

En este punto necesito que hagas un estudio íntimo y muy personal en referencia a tu salud y a tus creencias. Este paso es VITAL para poder identificar tus creencias limitantes y debemos preguntarlo directamente al subconsciente primero y posteriormente, a la mente analítica.

De esta forma, estaremos preguntando directamente a los dos hemisferios (al derecho subconsciente) y al izquierdo (consciente) aunque recuerda que el que gobierna el 95% de tu comportamiento es el inconsciente.

Cambiar las creencias es un proceso lento y continuo que se denomina *desaprender* ya que de lo que se trata es de borrar todas las creencias aprendidas a lo largo de nuestra vida.

Tenemos que modificar los hábitos de pensamiento y crear nuevos hábitos.

Toda creencia está sostenida por pensamientos repetitivos asociados a una emoción negativa (ira, frustración, etc.) y por eso te recuerdo una vez más la famosa frase *tus creencias–pensamientos–emociones–acciones y resultados.*

Antes de entrar en tu subconsciente quiero que contestes muy sinceramente a estas preguntas y en este caso, vamos a dejar "hablar a la parte más racional "o a tu hemisferio izquierdo. Después, preguntaremos a tu hemisferio derecho entrando a tu subconsciente y trabajando dentro de él.

Por ahora, necesito que te relajes y que hagas este ejercicio con la máxima sinceridad posible.

P1: Valora tu salud

Este punto es importante, valora si tienes un buen estado de salud.

Resultado:

Mi estado de salud es: _____

P2: Valora si puedes mejorar algo de tu salud

Resultado:

Puedo mejorar _____

P3: ¿Tus padres gozan de un buen estado de salud?

Resultado: _____

P4: ¿Has tenido o tienes problemas de sobrepeso actualmente?

Resultado: _____

_____

P5: ¿Consideras que tu físico es acorde a tu edad?

Respuesta: _____

P 6: ¿Haces deporte habitualmente?

Respuesta: _____

P7: Cuando ves a una persona muy cuidada que goza de un aparente perfecto estado físico, ¿qué sentimientos te generan?

Respuesta: _____

P8: ¿Qué parte de tu cuerpo te gustaría mejorar?

Respuesta: _____

P9: ¿Cumples una alimentación saludable?

Respuesta: _____

P 10: Si te pusiera una varita mágica y te preguntara qué quieres cambiar de tu salud, ¿cuál sería la respuesta?

Respuesta: _____
_____
_____

Ahora quiero que repases las respuestas y las "mastiques" con calma. Quiero que saques una conclusión real, **¿crees que tienes una creencia limitante o no con la salud?**

Respuesta: _____

Ok, si has respondido que SÍ, ¡enhorabuena! ¡Hemos hecho consciente nuestro subconsciente!

PASO 2. Identifica tus verdaderas creencias respecto a la salud en tu subconsciente

El siguiente paso es averiguar en tu subconsciente cuál es tu creencia o creencias limitantes sobre tu salud. Para ello debemos entrar en fase alfa mediante la técnica regresiva del 3 al 1.

1.- **Ponte cómodo, desconecta** el teléfono de posibles llamadas, y prepárate para realizar una inducción con la técnica del 3 al 1.

2.- **Cierra los ojos y haz una respiración profunda** mediante la técnica respiratoria 3-9-6 (inspira 3 segundos, aguanta 9 segundos y exhala 6 segundos).

3.- **Comenzamos con la cuenta del 3 al 1:** piensa en el número 3, 3 veces, en el 2, 3 veces, en el 1, 3 veces, ya estarás en la profundidad alfa.

4.- **Comenzarás a visualizar tu cabeza** empezando por la coronilla y luego, vas descendiendo poco a poco sintiendo el espacio oscuro que existe entre la cabeza y el respaldo de tu asiento. Concéntrate en el cuero cabelludo, después en la nariz, la garganta, el cuello, el pecho, tu abdomen, tu cadera, tus rodillas, y tus pies. Se trata de recorrer todo tu cuerpo desde la coronilla hasta los pies.

Una vez estés en tu estado alfa debes hacerle esta pregunta a tu subconsciente:

Subconsciente, por favor, muéstrame lo que me frena de gozar de una buena salud en mi vida.

Ten un papel preparado y un bolígrafo para apuntar en este estado alfa y con los ojos cerrados la primera información que te venga a la cabeza. No las juzgues o cuestiones, escribe todo lo que aparezca.

Paso 1/B

Una vez tengas esta información **OBSERVA** la sensación que esta emoción negativa te produce en el cuerpo. **¿Te sientes frustrado?**, ¿te sientes desgraciado?, ¿te sientes deprimido? Percibe si has cambiado tu respiración o cualquier signo físico. Solo presta atención lo que te sucede si es que te sucede algo...

Paso 1/C. Admite la creencia limitante que hayas detectado

Este paso es importante, admite que tienes tal creencia y quizás, incluso, puedas reconocer qué es lo que te ha llevado o te está llevando a tu situación actual. Esta confesión es entre TÚ y tu subconsciente por lo que nadie te va a juzgar ni castigar, tranquilo por eso.

Paso 1/D. Declara y admite en voz alta la emoción que te limita

Declara la emoción que te limita, declara tu creencia limitante en voz alta. Explicar la verdad sobre ti rompe los vínculos emocionales, acuerdos, recuerdos, dependencias, apegos y egocentrismos sobre tu creencia.

Paso 1/E. Entrégate: abandónate a un poder superior y deja que resuelva tus creencias limitantes

El mismo Einstein decía que ningún problema puede resolverse desde el mismo nivel mental que lo creó.

Ya tienes identificada tu creencia limitante con el dinero, ahora toca dejar ayudarte por el poder superior. Entrega tu creencia limitante de forma sincera, humilde, honesta, clara y apasionada.

Paso 3. IDENTIFICAR con mucha claridad lo que deseas, TUS METAS

Ya hemos explicado en multitud de ocasiones que el Universo escucha lo que nuestros pensamientos y emociones envían a través de las frecuencias vibratorias.

Lo más crucial es tener claro lo que queremos y así pedir el deseo con claridad y determinación.

Asimismo, debemos siempre pensar en lo que queremos y no en lo que no queremos porque la energía se concentra en lo que nuestros pensamientos dominantes dirigen al Universo (el efecto observador).

Si estás pasando una crisis en tu salud es normal que pienses en mensajes negativos, pero en este programa estamos intentando reprogramar tu situación y darle la vuelta, por lo que cada vez que tengas un pensamiento negativo, páralo di en voz alta: **"no lo acepto, la verdad es……." y concéntrate en el pensamiento positivo o de abundancia.**

Ahora quiero que escribas en un papel en dos o tres minutos tus metas principales en el tema salud. Te aviso, tan solo **el 3%** de las personas son capaces de hacer este ejercicio de manera correcta porque el subconsciente está más que acostumbrado a esas creencias limitantes que son las que afectan a tu vida.

Las metas deben ser claras, cuantificables y con un plan de acción específico. Tienen que ser tangibles, especifica con exactitud tu salud ideal, por ejemplo, en un plazo de 12 meses

También, tienen que ser deseadas desde el corazón y que puedas sentirlas para empezar a tener una acción y para generar la acción debes tener la intención asociada. Recuerda que el Universo conspira a tu favor siempre y cuando tú demuestres que haces acciones para alcanzar tus deseos. Sentado en el sofá no te va a funcionar, querido despertador almático.

Vamos a intentar tan solo con cinco renglones, tómate el tiempo que necesites.

Meta 1: _____

Meta 2: _____

Meta 3: _____

Meta 4: _____

Meta 5: _____

Paso 4. Comenzamos la reprogramación de tu CONSCIENTE antes que la del subconsciente

Este paso es muy necesario hacerlo así porque, aunque es cierto que el subconsciente es el que va a reprogramar la creencia, es más sencillo si tenemos el apoyo del consciente o cerebro analítico. Recuerda que en la ley del mentalismo hablamos del equilibrio ALMA-MENTE, es decir, el alma es la parte subconsciente y la mente, la parte consciente.

Para ello, debemos APRENDER nuevas programaciones como hiciste cuando te aprendiste la tabla del tres de multiplicar, ¿cómo lo hiciste? A base de repetir, repetir y repetir, pero en este caso tienes que ponerle emoción al decreto o decretos para que sea más creíble.

Mi recomendación es que hagas estas afirmaciones varias veces al día, nada más levantarte, en la ducha, en la caravana de tráfico, etc.

¿Recuerdas que en algunas ocasiones que has mentido en algo te has creído la mentira? Esto es porque la repetiste tantas veces que te la creíste.

Si a las afirmaciones puedes acompañarlas de SO-BREACTUACIONES, es decir, fingir tu mentira para que se haga realidad, el resultado será más estable.

Si una de las afirmaciones es "YO gozo de buena salud", pues finge tenerla, es importante asumir el papel que queremos interpretar.

Como ejemplo de declaraciones, te adjunto las que a mí siempre me han funcionado:

1.- Yo soy una persona sana.

2.- YO tengo una buena salud.

3.-Mi cuerpo está libre de enfermedades.

4.- Estoy teniendo una gran salud.

5.-Siento la luz de la salud alrededor de mi cuerpo.

6.- Tengo una salud envidiable.

En las declaraciones debemos tener cuidado para que no nos genere un bloqueo nuestro propio SAR porque no se crea lo que decretas. Ojo, con este tema, si estás sufriendo una enfermedad no puedes decretar "yo tengo la mejor salud del mundo", porque tu SAR no va a permitir entrar esta información al subconsciente o consciente porque no es creíble.

Mi recomendación es que vayamos poco a poco, los seis decretos anteriores no ponen en riesgo a la credibilidad, pero te recomiendo que uses frases como:

Yo estoy en proceso de curarme de esta enfermedad.

Voy camino de conseguir…

Me merezco ser abundante en salud.

Paso 5. Creación de la vibración del deseo

Vibra con salud, vibra saludablemente. Para poder vibrar con salud tienes que vibrar siempre en armonía y con gran calidad de amor. Ya hemos explicado cómo tu salud puede verse afectada por la energía negativa de tus pensamientos y cómo tus genes pueden afectarse. Por lo tanto, para poder tener salud lo que debemos hacer es vibrar en su energía y para ello el primer paso siempre es la FELICIDAD.

Recuerda el principio de correspondencia **"como es arriba es abajo, como es dentro es afuera"**, si a nivel interno en tu mente no estás sano, en tu cuerpo físico nunca lo estarás tampoco. Las enfermedades son reflejo de nuestro estado mental, de nuestras raíces mentales y por supuesto, de otros muchos factores.

La vibración del deseo de la salud solo puede alcanzarse siempre y cuando estemos equilibrados en nuestro interior.

Paso 6. Nueva programación 5ªdimensión

En definitiva, siempre aplicaremos la misma fórmula de programación y esta es: "acudir" a nuestra quinta dimensión (la dimensión de las opciones infinitas), elegir una nueva "vida basada en la abundancia en la salud", sentirla como si ya la tuviéramos y confiar con FE que el Universo con el tiempo nos la otorgará.

Como siempre se trata de instalar **el nuevo *software*** en nuestra quinta dimensión para que por ley de correspondencia (como es arriba es abajo), bajemos a la 4ª dimensión y posteriormente a la 3ª dimensión o plano físico o material.

Recuerda la teoría del espejo dual de mi maestro Lain García Calvo, en un lado está la imagen y en el otro, el reflejo. Lo que tienes que hacer es irte al otro lado del espejo, a la imagen, no al reflejo y esto solo se consigue reprogramando tus creencias limitantes con la salud.

Como ya hemos comentado anteriormente para entrar en nuestra quinta dimensión debemos encontrarnos en ondas cerebrales alfa o theta que son las ondas de la creatividad y creación.

Tendremos que acceder a nuestro estado alfa como es habitual:

1.- Ponte cómodo, desconecta el teléfono de posibles llamadas, y prepárate para realizar una inducción con la técnica del 3 al 1.

2.- Cierra los ojos y haz una respiración profunda mediante la técnica respiratoria 3-9-6 (inspira 3 segundos, aguanta 9 segundos y exhala 6 segundos).

3.- Comenzamos con la cuenta del 3 al 1: piensa en el número 3, 3 veces, en el 2, 3 veces, en el 1, 3 veces, ya estarás en la profundidad alfa.

4.- Comenzarás a visualizar tu cabeza empezando por la coronilla y luego, vas descendiendo poco a poco sintiendo el espacio oscuro que existe entre la cabeza y el respaldo de tu asiento. Concéntrate en el cuero cabelludo, posteriormente en la nariz, la garganta, el cuello, el pecho, tu abdomen, tu cadera, tus rodillas, y tus pies. Se trata de recorrer todo tu cuerpo desde la coronilla hasta los pies.

5.- Comienza a visualizar la vida que quieres en tu futuro o tus metas indicadas anteriormente de manera completamente específica como si fuera tu presente y realiza la técnica del recuerdo de haberlo conseguido que hablamos en la parte de la ley del mentalismo. Recuerda, SIENTE, SIENTE Y SIENTE tu presente deseado y recuerda cuando lo conseguiste.

Otro truco que se hace con el anclaje es: mientras visualizas huele tu colonia o perfume de tal manera que cuando acabes de visualizar y te perfumes llevarás contigo el olor de la visualización todo el día.

6.- Una vez que acabes de visualizar SIEMPRE AGRADECE porque el Universo te ha concedido tu deseo.

Recuerda que el proceso de la ley de gestación requiere tiempo y persistencia, no abandones nunca y ten mucha FE porque los que tengan fe alcanzarán su deseo.

7.- Déjalo ir.

Importantísimo: ya hiciste tu pedido, ahora debes dejarlo ir para que no generes potenciales excesivos. Cuenta con ello ya que el Universo siempre está a tu favor, no lo olvides nunca.

Paso 7. Modela al mejor y pon tu esencia

Muy importante este punto, estimado despertador almático. Debemos copiar al mejor de cada una de las tres áreas maestras. En este caso, copia y modela al personaje que para ti tiene el tipo o estado físico que quisieras tener y también, cópiale al que mejor salud tiene de todos tus referentes.

Estudia sus pasos, su corporalidad, su esencia, lo mucho que entrega a los demás, lo mucho que los demás lo quieren y añade tu "truco" personal. Esto es lo que denominamos modelar al campeón, puesto que, si los demás pueden, te aseguro que tú también.

Paso 8. Corporalidad y esencia del deseo ya cumplido

Finge que ya estás curado, en caso de tener una enfermedad o que ya tienes el físico que añoras.

Finge, finge y finge que ya tienes ese físico tan deseado o que ya tienes tu enfermedad curada.

Respecto a tu corporalidad es necesario que andes desbordante de salud, con la cabeza bien alta, digno de ti, para que poco a poco te creas lo mucho que tienes y lo mucho que vas a llegar a tener.

Paso 9. Acción masiva

Necesito que actúes, estimado despertador almático. Si no mueves la energía del deseo, te aseguro que es posible que nunca lo consigas. No podrás tener un buen físico, aunque hagas lo anterior si no controlas la alimentación. Sentado en el sofá horas meditando no conseguirás tu sueño.

El Universo te dará lo que tú le has dado y sobre todo si además has conseguido ayudar a alguien en tu vida.

Algunos tips para mejorar tu salud

Tip 1. Cuida tu alimentación

1. Come más fruta y verdura

Las frutas y verduras son buenas para nuestra salud, y la mayoría tiene un bajo impacto ambiental. Hay excepciones, ya que algunas requieren muchos recursos para transportarse y mantenerse frescas, por lo que comerlas con menos frecuencia puede aumentar la sostenibilidad de nuestras dietas. Los ejemplos incluyen:

➢ Frutas y verduras que son frágiles o que requieren refrigeración (ensaladas y bayas).

➢ Verduras que se cultivan en condiciones protegidas (como tomates o pepinos de invernadero calentados artificialmente).

➢ Alimentos que utilizan muchos recursos durante el transporte (judías verdes, tirabeque o bayas importadas del hemisferio sur).

2. Aliméntate de comida local y de temporada

Los alimentos cultivados localmente pueden ser una opción sostenible, si elegimos los de temporada donde vivimos. El costo de producir o almacenar alimentos locales más allá de sus temporadas de crecimiento natural podría ser mayor que el envío de alimentos que están de temporada en otro lugar.

3. Evita comer más de lo necesario, especialmente dulces

Consumir solo lo que necesitamos reduce las demandas en nuestro suministro de alimentos al disminuir el exceso de producción. También, ayuda a mantenernos saludables y evitar el aumento excesivo de peso. Limitar los tentempiés con alimentos bajos en nutrientes y densos en energía, y prestar atención a los tamaños de las porciones, son formas útiles de evitar el consumo excesivo.

4. Intercambia las proteínas de animales por las vegetales

En general, se necesitan más recursos para producir proteínas de origen animal (especialmente carne de vaca), en comparación con proteínas de origen vegetal (como frijoles, legumbres y algunos granos). Llevar una dieta más a base de plantas también trae beneficios para la salud: los alimentos a base de plantas proporcionan más fibra y tienen un menor contenido de grasa saturada, lo que puede contribuir a un menor riesgo de enfermedad cardiovascular.

Para los que comen carne: limitar el consumo de carne a una o dos veces a la semana, tener días sin carne y elegir carnes más sostenibles como pollo, en vez de carne de vaca, puede ayudarnos a reducir nuestra huella ecológica.

Para aquellos que eligen una dieta vegana/vegetariana, la combinación de diferentes fuentes de proteínas de origen vegetal garantizará que se cumplan nuestras necesidades de proteínas.

5. Elige granos integrales

Los cereales no refinados generalmente requieren menos recursos que los refinados, ya que demandan menos pasos de procesamiento. También son buenos para la salud, ya que reducen el riesgo de enfermedades cardiovasculares, diabetes tipo 2 y sobrepeso.

El pan integral, la pasta integral, la cebada sin refinar, el trigo sarraceno y la quinua son excelentes opciones.

El arroz integral es un buen sustituto del arroz blanco, pero debe disfrutarse con moderación, ya que se utiliza mucha agua durante su producción.

6. Elige mariscos sostenibles

El pescado es una buena fuente de ácidos grasos omega-3 saludables, que contribuyen a la visión normal, la función cerebral y la salud del corazón. Sin embargo, la pesca excesiva está causando que las poblaciones de peces silvestres se agoten. Para beneficiarse de los nutrientes necesarios y reducir la presión sobre las poblaciones de peces silvestres:

> ➤ Consume pescado y mariscos una o dos veces por semana para proporcionar los nutrientes necesarios y reducir la presión sobre las poblaciones de peces silvestres.

> ➤ Elige pescados y mariscos marcados con una etiqueta de sostenibilidad de organizaciones certificadas como el *Marine Stewardship Council*.

7. Come productos lácteos con moderación

Si bien la producción de leche y productos lácteos tiene un impacto ambiental importante, los productos lácteos son una fuente importante de proteínas, calcio y aminoácidos esenciales, y se han relacionado con un riesgo reducido de varias enfermedades crónicas, como el síndrome metabólico, la hipertensión arterial, el derrame cerebral, el cáncer intestinal y diabetes tipo 2.

Disfruta de productos lácteos sin azúcar y bajos en grasa a diario, pero con moderación.

Limita el consumo de quesos altos en grasa a de vez en cuando.

Para aquellos de nosotros que decidimos eliminar los productos lácteos por completo, optemos por bebidas de origen vegetal que estén enriquecidas con vitaminas y minerales, como el calcio.

8. Evita los envases innecesarios

El envasado de alimentos, especialmente cuando está hecho de materiales no reciclables, puede tener un gran impacto en el medio ambiente. Todos podemos reducir la cantidad de productos envasados que compramos (piense en manzanas a granel en lugar de las envueltas en un film transparente) u opte por materiales que sean biodegradables, totalmente reciclables o hechos de materiales reciclados.

Tip 2. Hazte revisiones periódicas

Es muy importante acudir a realizarte revisiones periódicas una vez al año con tu médico general para que te hagan una analítica de sangre y ver qué tal están todos los indicadores sanguíneos.

Por favor, te lo voy a decir como dentista, acude a tu revisión dental mínimo una vez al año. Si tienes antecedentes de enfermedad periodontal en casa (periodontitis o piorrea), debes acudir al odontólogo, aunque no tengas síntomas (sangrado de encías, mal aliento, etc.) porque esta enfermedad está producida por una serie de bacterias anaerobias (crecen sin oxígeno) que se heredan genéticamente y que no solo afectan a la salud de tu boca, sino que están íntimamente relacionadas con patologías cardiacas, aumento de ictus en un gran porcentaje, Alzheimer, hipertensión arterial, etc.

Recuerda: si fumas, el sangrado de encías puede disminuir considerablemente porque la nicotina produce vasoconstricción arterial evitando que el testigo principal de comienzo de una enfermedad periodontal avise de la misma. Es como si el testigo del aceite del coche no te avisa al estar al mínimo hasta que gripas el motor.

Otra cosa que debes saber es que si **padeces halitosis o mal aliento** puede ser debido a que estas bacterias anaerobias expulsan unos "pedetes" que son los llamados compuestos volátiles sulfurados que huelen a huevo podrido. Si padeces mal aliento es porque tienes mucha concentración de estas bacterias en boca y claro está, cuanto más bacterias, peor huele tu aliento y más capacidad de afectación tienen, provocando infecciones locales y a distancia.

Por otra parte, las caries dentales en fases iniciales **NO duelen** ni molestan porque se desarrollan en el esmalte dental que no tiene ningún tipo de estructuras nerviosas. Cuando la caries avanza lentamente y llega a la dentina, aquí ya puedes empezar a notar sensibilidad al frío, pero si esta caries evoluciona hacia la pulpa dental o nervio aquí ya viene el problema del típico dolor de muelas o pulpitis y posterior flemón o absceso.

Por último, si notas cualquier mancha blanca que no desaparezca en un periodo de diez días debes acudir al dentista para que te la examine con detalle. No significa que sea un problema grave, pero para descartarlo debes acudir a consulta.

Que sirva esta pequeña información para que tomes conciencia de ello: acude al dentista para tu revisión dental al menos una vez cada año.

Tip 3. Realiza ejercicios físicos siempre que puedas

Es necesario que te muevas y que te muevas mucho. Una de las prácticas que intento cumplir a diario es andar y andar mínimo 10 000 **pasos al día**. Cuando tengo que ir a algún sitio, aparco el coche lejos para obligarme a andar.

El movimiento es salud ya que al moverte tus células se oxigenan, y si se oxigenan, se nutren mejor y por lo tanto, el envejecimiento es más tardío.

Cuando andas, movilizas el aparato digestivo y en consecuencia los desechos de toxinas del cuerpo. Mucha gente que padece estreñimiento es porque, entre otras cosas, no se mueve lo suficiente en su vida.

Los ejercicios aeróbicos son ejercicios de media o baja intensidad y de larga duración, donde el organismo necesita quemar hidratos y grasas para obtener energía y para ello necesita oxígeno. Son ejemplos de ejercicios aeróbicos: correr, nadar, ir en bici, caminar, etc.

El ejercicio anaeróbico consiste en realizar actividades de alta intensidad como el levantamiento de pesas, carreras cortas a gran velocidad, hacer abdominales, o cualquier ejercicio que precise mucho esfuerzo durante poco tiempo.

La palabra anaeróbico significa **"sin oxígeno"** y en este caso, se refiere al intercambio de energía sin oxígeno que se produce en los músculos al realizar este tipo de ejercicio. Por este motivo, en principio, los ejercicios anaeróbicos no parecen los más recomendables cuando se quiere perder peso, ya que utilizan fuentes de energía acumuladas en el organismo, como la glucosa, en vez de emplear ácidos grasos, que sí precisan oxígeno para ser metabolizados.

Ventajas de andar 10 000 pasos al día

Si te apuestas por un estilo de vida activo, según la OMS (Organización Mundial de la Salud) debes caminar cada día **10 000 pasos,** unos 7 kilómetros. Si queremos perder peso, deberíamos aumentar el número de pasos hasta los 15 000, que serían unos 11 kilómetros diarios.

Si das menos de 5 000 pasos al día, eres sedentario o inactivo.

Si das entre 5 000 y 7 499, tienes un estilo de vida poco activo.

Eres algo activo si caminas entre 7 500 y 9 999 pasos diarios.

Eres activo, si das más de **10 000 pasos al día.**

Caminar menos que esta cantidad diaria también se ha relacionado con importantes beneficios para la salud. Investigadores del National Cancer Institute y de los CDC de EE. UU., publicaron en la revista JAMA un estudio longitudinal con casi 5 000 participantes en el que los investigadores observaron que aquellos que caminaron 8 000 pasos al día presentaron un riesgo de mortalidad por todas las causas, un 51% menos en comparación con quienes hicieron 4 000.

Y entre aquellos que realizaron 12 000 al día, el riesgo de mortalidad fue **un 65% menor**. De esta manera, se pudo comprobar que lo importante es andar lo máximo posible, pero los beneficios se empiezan a notar mucho antes de los 10 000.

Tip 4. Duerme mínimo 8 horas al día

¿Qué es el sueño?

Cuando duermes estás inconsciente, pero las funciones del cerebro y cuerpo siguen activas. El sueño es un complejo proceso biológico que ayuda a procesar información nueva, mantenerse saludable y a sentirse descansado.

Durante el sueño, el cerebro pasa por cinco fases diferentes: Etapa 1, 2, 3, 4 y sueño de movimientos oculares rápidos (MOR o REM en inglés). Diferentes cosas ocurren en cada etapa. Pasarás por distintos patrones de ondas cerebrales (patrones de actividad eléctrica en el cerebro) en cada una de ellas.

La respiración, ritmo cardiaco y temperatura pueden ser más rápidas o lentas en ciertas etapas. Algunas fases del sueño pueden ayudarte a sentirte más descansado y con energía al día siguiente. Las distintas fases del sueño permitirán:

> Sentirse descansado y con energía al día siguiente.

> Aprender información, hacer reflexiones y formar recuerdos.

> Descansar el corazón y el sistema vascular.

> Liberar más hormona del crecimiento, que ayuda a los niños a crecer.

> También aumenta la masa muscular y la reparación de células y tejidos en niños y adultos.

> Liberar hormonas sexuales, que contribuyen a la pubertad y la fertilidad.

> Evitar enfermarse o a mejorarse cuando está enfermo, creando más citoquinas (hormonas

que ayudan al sistema inmunitario a combatir varias infecciones).

¿Cuánto sueño necesito?

La cantidad de sueño que necesitamos depende de varios factores, incluyendo la edad, estilo de vida, estado de salud y si has dormido lo suficiente. Las recomendaciones generales para dormir son:

➢ Recién nacidos: **16-18 horas al día.**

➢ Niños en edad preescolar: **11-12 horas al día.**

➢ Niños en edad escolar: **por lo menos 10 horas al día.**

➢ Adolescentes: **9-10 horas al día.**

➢ Adultos (incluyendo adultos mayores): **7-8 horas al día.**

¿Cuáles son los efectos en la salud por no dormir lo suficiente?

El sueño es primordial para la salud. Cuando no duermes lo suficiente (privación del sueño), puedes sentirse cansado y afectar tu rendimiento, incluyendo tu capacidad de pensar con claridad, reaccionar rápidamente y formar recuerdos. Esto puede llevarte a tomar malas decisiones y ponerte en situaciones de riesgo. Las personas que no duermen bien son más propensas a sufrir accidentes.

La privación del sueño también puede afectar tu estado de ánimo, lo que causa:

➢ Irritabilidad

➢ Problemas en sus relaciones, especialmente para niños y adolescentes

➢ Depresión

➢ Ansiedad

➢ También puede afectar su salud física. Los estudios muestran que no dormir lo suficiente o dormir mal aumenta el riesgo de:

➤ Presión arterial alta

➤ Enfermedad del corazón

➤ Accidente cerebrovascular

➤ Enfermedad del riñón

➤ Obesidad

➤ Diabetes tipo 2

¿Cómo puedo dormir mejor?

Puedes tomar medidas para mejorar tus hábitos de sueño. En primer lugar, asegúrate que tengas suficiente tiempo para dormir. Con dormir lo suficiente cada noche, puedes sentirte mejor y más productivo durante el día.

Para mejorar tus hábitos de sueño, también puede ayudar:

➤ Irse a la cama y despertar a la misma hora todos los días.

➤ Evitar la cafeína, especialmente por la tarde y noche.

- Evitar la nicotina.

- Evita irte a dormir con algún problema activo en tu mente.

- Hacer ejercicio con regularidad, pero no demasiado tarde.

- Evitar las bebidas alcohólicas antes de acostarse.

- Evitar comidas y bebidas pesadas por la noche.

- No tomar siestas después de las tres de la tarde.

- Relajarse antes de acostarse tomando un baño, leyendo o escuchando música suave.

- Mantener tu dormitorio con una temperatura fresca.

- Deshacerse de distracciones como: ruidos, luces brillantes y el televisor o computadora en el dormitorio. Además, no te sientas tentado a usar tu teléfono o *tablet* justo antes de acostarse.

- Obtener suficiente sol durante el día.

- No te acuestes en la cama despierto. Si no puedes dormir después de veinte minutos, levántate y haz algo relajante.

Tip 5. Reduce el estrés de tu vida

Todos sabemos que el estrés es un asesino silencioso, por lo que controlarlo y reducirlo te ayudará a mantenerte saludable durante mucho tiempo.

El Dr. Joe Dispenza se ha sumergido profundamente en esto durante décadas. Ahora voy a compartirte las maravillas que descubrió y que he tenido la oportunidad de leer en varios de sus libros.

Nuestro sistema de huida o lucha se activa cuando estamos bajo estrés. Nuestros cuerpos, cuando están estresados, también producen un efecto inflamatorio que refuerza temporalmente el sistema inmunológico.

Cuando estamos estresados, agregamos inflamación a nuestro cuerpo, la inflamación crónica es grave para él.

En la prehistoria, el estrés jugó un papel importante porque existía un mayor riesgo de infección por heridas.

En la sociedad moderna, sin embargo, un nivel elevado y continuo de estrés se ha vuelto cada vez más psicológico y, a largo plazo, es más probable que la expresión genética inflamatoria persistente cause problemas psiquiátricos y médicos, y por eso es más comúnmente conocido **como el "asesino silencioso".**

Nuestro sistema nervioso simpático (SNS) es responsable de la respuesta de "lucha o huida", y cuando una persona experimenta un evento estresante, se activa el SNS. El resultado es que el cuerpo comienza a aumentar la producción de una molécula llamada **factor nuclear kappa B (NF-kB).** Esta molécula es responsable de regular cómo se expresan nuestros genes.

El estrés crónico genera la activación de genes, que a su vez producen proteínas llamadas citocinas. Las citocinas provocan inflamación a nivel celular. Nuevamente, esta inflamación es beneficiosa como una reacción de lucha o huida de corta duración, pero el efecto a largo plazo conduce a un mayor riesgo de cáncer, envejecimiento acelerado y trastornos psiquiátricos como la depresión.

Lo que los investigadores de varios estudios han encontrado y sugieren es que las personas que practican actividades que unen cuerpo-mente como la meditación y el yoga producen el efecto opuesto, es decir, sus cuerpos experimentan una disminución en la producción de NF-kB y citocinas.

Tip 6. Medita todos los días

La meditación salva vidas. Un interesante artículo publicado en la revista **Scientific American escrito por Matthieu Ricard**, un monje budista y biólogo celular, Antoine Lutz, líder en el estudio de la neurobiología de la meditación y Richard J. Davidson, pionero en el estudio de la ciencia de la meditación, afirma que a través de la meditación tenemos el poder de cambiar nuestra mente.

Esta investigación se llevó a cabo durante casi quince años por la Universidad de Wisconsin, en colaboración con otras diecinueve universidades, en más de cien monasterios budistas. Y en ella se compararon escáneres de cerebros con decenas de miles de horas de práctica de meditación, obteniendo conclusiones muy interesantes. Según los resultados, meditar genera que:

> ➢ Los niveles de ansiedad y depresión bajen.

> ➢ Se activan algunas zonas del cerebro, en concreto las asociadas a los sentimientos de empatía, compasión y amor altruista.

> ➢ Se reduce el volumen de la amígdala, la región del cerebro involucrada en el proceso del miedo.

> ➢ Tiene efectos positivos sobre la molécula telomerasa, la encargada de alargar los segmentos de ADN en los extremos de los cromosomas; es la enzima que facilita la inmortalidad de las células en la mayoría de los procesos cancerígenos.

Pero meditar no solo tiene esos beneficios, sino que su abanico es muy amplio y su práctica puede ayudarnos en numerosas ocasiones. A continuación, te indico algunos otros beneficios que nos aporta:

> ➢ Ayuda a descansar y relajar nuestra mente.

> ➢ Reduce la presión sanguínea.

> ➢ Mejora la memoria.

➢ Mejora la estabilidad emocional.

➢ Ayuda a tomar mayor consciencia personal.

➢ Facilita y mejora la calidad del sueño.

➢ Mejora la salud en general.

➢ Relaja la tensión muscular.

➢ Mejora la concentración.

➢ Contribuye a mejorar el estado anímico.

Lo más importante, mi querido amigo, es que seas constante, prueba e intenta cada día un poco de meditación. Puedes empezar por quince o veinte minutos. Te darás cuenta que poco a poco la irás incorporando a tus hábitos de vida y notarás sus resultados. Además, meditar te ayudará a desarrollar el aprendizaje de la paciencia y la concentración para tu rutina y saborearás la quietud como parte de tu ser.

A mí me ha provocado un cambio espectacular en todas las áreas de mi vida, sin duda, es necesario meditar para estar en equilibrio. Recuerda: como es arriba es abajo, si en tu mente estás bien, lo estarás en tu salud.

Tip 7. Ante todo, sé feliz y vibra alto, muy alto

Tienes que ser feliz y vibrar alto, o vibrar alto y ser feliz. Las personas con buena salud en general suelen ser personas que son felices y emiten vibraciones positivas, pero las personas enfermas emiten vibraciones negativas.

Por favor, intenta ser feliz o al menos vibrar en la felicidad aplicando todo lo que te he enseñado en este libro.

"La fuerza natural dentro de cada uno de nosotros es el mayor sanador de todos", Hipócrates.

MÉTODO VOLATHIUM
EN EL DINERO

Manejo de los principios en el dinero

"Tus resultados exteriores son el resultado de tus pensamientos interiores y estos de las creencias limitantes asociadas".

Fíjate, posiblemente en tu infancia has escuchado frases de tus padres como "el dinero es el causante de todos los problemas" o "el dinero separa familias" o "el dinero no hace la felicidad" o ves a tu vecino que se compra un coche de alta gama y piensas "esta gente se dedica a las drogas" ... Frases como estas son síntoma inequívoco de las creencias limitantes de la persona que las dice, "el lenguaje es el pensamiento hablado", no lo olvides.

¿Cómo te va en tu vida? ¿Tienes deudas? ¿Sientes que el dinero es malo para ti?, estas son las primeras preguntas que debemos hacernos para hacer consciente nuestro subconsciente y poder identificar las creencias limitantes asociadas a este tan preciado bien.

Estimado lector, el dinero sí hace la felicidad y el que diga lo contrario MIENTE y miente encima creyendo que tiene razón.

No es lo mismo desplazarse en un coche de 70 000 euros que en uno de 10 000 euros. El confort, la sensación y la experiencia de uno a otro no es comparable y sobre todo la seguridad que genera a sus conductores.

¿Un coche puede hacer hacernos sentir felices?, la respuesta **es SÍ,** por eso se venden coches deportivos o coches de alta gama. Desde luego, si te gustan los coches, cuando entres en tu coche de alta gama y lo conduzcas, con seguridad, te generará una sensación de felicidad.

No es lo mismo hospedarse en un hostal que en un hotel de lujo, y si me dices que dormir u hospedarse en un hotel de lujo no te hace feliz, entonces sería raro ¡muy raro! Yo he sido cliente desde un hostal hasta de un hotel de lujo y te aseguro que dormir en un hotel de lujo sí da la felicidad.

No es lo mismo comer un kebab que en un restaurante de millones de tenedores, aunque debo confesarte que en una cena de lujo me quedé con tanta hambre que, al salir, ¡me fui a un McDonald's a volver a cenar!

Todo esto que te acabo de contar lo conocemos todos, pero realmente lo más importante aquí es identificar si nosotros tenemos alguna creencia limitante o algún bloqueo con la abundancia económica que en la mayoría de los casos se hereda, incluso, de generaciones pasadas.

Lógico, si tu padre pasó hambre en casa y esta situación le generó un impacto emocional alto, sumado a las veces que repetía en voz alta que el dinero es el problema de toda su vida, ¿qué crees que él transmitirá en casa y que tu escucharás cuando seas pequeño?

Te recuerdo que el cerebro solo percibe dos emociones: una es el placer y la otra es el dolor emocional. Si el dinero tu cerebro lo asocia a un dolor emocional, ¿qué crees que sucederá cuando tengas posibilidad de tener dinero en tu vida? ¡Pues que tu cerebro subconsciente lo rechazará o lo gastará en el momento que lo tenga ya que es malo para ti!

<u>Los mensajes que escuchan tus hijos pequeños sobre el dinero</u>

Cuidado con este tema porque es importante ya que puede sentenciar la abundancia económica de tus descendientes.

Recuerda que desde los 0 hasta los 8 años de edad aproximadamente, el cerebro subconsciente del niño NO tiene "portero de discoteca", es decir, no tiene un SAR desarrollado por lo que todo lo que ese niño perciba a través de los sentidos va directo grabado a fuego al subconsciente.

Si se forma una creencia limitante (alto impacto emocional + repetición) sobre lo nefasto que es el dinero, esto generará con el tiempo una convicción arraigada con un bloqueo del dinero en el subconsciente, es decir, tu cerebro al detectar información del dinero automáticamente "bloquea" cualquier tipo de posibilidad de riqueza ya que "estarías dejando entrar al enemigo en casa".

Si por tu trabajo ganas mucho dinero, ya te encargarás de perderlo todo y si nunca lo has tenido, no lo tendrás ya que tu mente subconsciente te bloqueará cualquier oportunidad de tenerlo.

¿Recuerdas cuando en capítulos anteriores hablábamos de la importancia del SAR en tu día a día y que todo lo que tu SAR permite que entre en tu vida es con base en las creencias limitantes que tiene el subconsciente? ¿Recuerdas cuando comentábamos que tu SAR se fija en embarazadas cuando quieres quedar embarazada? ¿Es que en mi ciudad en 9 meses el índice de natalidad ha aumentado el triple? No, la respuesta es clara, tu SAR permite pasar más información de las embarazadas que ve en la calle, por eso, querido despertador almático, si tu SAR está programado según tus creencias para evitar situaciones relacionadas con el dinero, ¿qué crees que hará tu cerebro subconsciente**?, pues bloquear** toda la información relacionada con nuevas oportunidades económicas, incluso te generará pensamientos de rechazo hacia los que tengan abundancia en este plano.

Tu vida económica NO es por culpa de los demás ni de la mala suerte, es culpa de TUS CREENCIAS limitantes. Por favor, estimado despertador almático, hazme caso en este punto porque necesitas tenerlo claro para poder ayudar a las demás personas que tengan este problema.

"Somos el resultado de nuestras creencias siempre".

La vibración del dinero

Una persona rica y abundante emitirá una vibración positiva y no de carencia negativa, por lo que, sin duda, atraerá por ley de atracción frecuencias vibracionales relacionadas con la abundancia económica.

Una persona pobre y sin recursos emitirá una vibración de miedo que por ley de atracción atraerá frecuencias negativas asociadas, causando cada vez más y más pobreza en su vida.

El problema más grave de todo esto es la descompensación de la ley del ritmo y en concreto, el péndulo porque una persona que ora desesperada suplicando dinero lo que está forjando es un exceso de importancia y en consecuencia, un potencial excesivo, además de emitir una vibración de desesperación que atraerá más de lo mismo.

Recuerda lo que hemos comentado siempre de la importancia de la antena receptora del dinero. Tienes que sintonizar la frecuencia específica del dinero y para ello, tienes que acercarte a la gente rica y sintonizar su frecuencia sí o sí.

Tengo comprobado personalmente que cuando estás en una zona de lujo, la vibración de esa gente es diferente, la gente rica es más guapa que la gente pobre (no es ser clasista, es que es verdad).

Debes juntarte con gente rica lo que más puedas para poder sintonizar su frecuencia, acude a zonas de lujo aunque sea a tomar un café o darte un paseo, intenta sentirte como un rico, viste lo mejor que puedas y conduce un coche mejor en cuanto puedas para poder sentirte rico. Cuando te sientas rico estarás emitiendo una vibración de "rico", ¿y qué piensas que atraerás por ley de la atracción?

Vamos ahora a realizar un proceso muy sencillo de reprogramación de tus creencias limitantes en tan solo tres pasos. Recuerda que de lo que se trata es de hacer consciente tu inconsciente y una vez que hemos identificado el problema asociado (tus creencias), lo disociaremos, y reprogramaremos el subconsciente con el nuevo programa mental.

Método Volathium para atraer el dinero

PASO 1. Identifica tus verdaderas creencias respecto al dinero en tu consciente.

Llegados a este punto necesito que hagas un estudio íntimo y muy personal en referencia a tu salud financiera y a tus creencias respecto al dinero. Este paso es VITAL para poder identificar tus creencias limitantes y debemos preguntarlo directamente al subconsciente primero y posteriormente, a la mente analítica.

De esta manera estaremos preguntando directamente a los dos hemisferios (al derecho, subconsciente) y al izquierdo (consciente) aunque recuerda que el que gobierna el 95% de tu comportamiento es el inconsciente.

Cambiar las creencias es un proceso lento y continuo que se denomina *desaprender,* ya que de lo que se trata es borrar todas las creencias aprendidas a lo largo de nuestra vida.

Tenemos que modificar los hábitos de pensamiento y crear nuevos hábitos.

Toda creencia está sostenida por pensamientos repetitivos asociados a una emoción negativa (ira, frustración, etc.) y por eso te recuerdo la famosa frase: **tus creencias– pensamientos–emociones–acciones y resultados.**

Antes de entrar en tu subconsciente quiero que contestes muy sinceramente a estas preguntas y en este caso, vamos a dejar "hablar a la parte más racional" o a tu hemisferio izquierdo. Posteriormente, preguntaremos a tu hemisferio derecho entrando a tu subconsciente y trabajando dentro de él.

Por ahora, necesito que te relajes y que hagas este ejercicio con la máxima sinceridad posible.

P1. Valora tu situación financiera vs. edad

Este punto es importante, valora si a tu edad es normal tener algo de dinero ahorrado, mucho dinero ahorrado, si estás endeudado o vives al día.

Resultado: Mi situación económica es:

_____

P2. Valora la situación familiar económica

Quiero que valores la situación económica de tus padres y de tus abuelos. ¿Tus padres tienen o han tenido dinero? ¿Tus abuelos?

Resultado: La situación económica de mis padres es _____ y la de mis abuelos es _____

_____

P3. Cuando eras pequeño quiero que valores la situación económica que vivías en casa:

Resultado: La situación económica que vivías en casa era _____

_____

P4. ¿Escuchaste de pequeño frases negativas respecto al dinero?, por ejemplo "el dinero es el origen de todos los problemas"

Resultado: Lo que escuchaba de pequeño respecto al dinero era: _____

_____

P5. ¿Te gusta el dinero? Responde lo primero que te venga a la mente

Respuesta: _____

P6: ¿Crees que la gente rica es digna o el dinero abundante puede ser de "procedencia dudosa"?

Respuesta: _____

P7. ¿Cuando ves a una persona con un coche de lujo o una casa de lujo tus pensamientos hacia ella son positivos o despectivos?

Respuesta: Mis pensamientos son _____
_____

P8. ¿Eres una persona conformista o quieres ser una persona exitosa y abundante económicamente?

Respuesta: _____
_____

P9. ¿Podrías imaginarte en este momento tú con cien millones de euros? ¿La primera sensación que has obtenido al imaginarte es de rechazo o deseo por serlo?

Respuesta: _____
_____
_____

P10. ¿Te crees digno y merecedor de la abundancia económica en tu vida? Si la respuesta es SÍ quiero que apuntes la cantidad de dinero que para ti es sinónimo de abundancia económica

Respuesta: _____

_____

_____

Ahora quiero que repases las respuestas y las "mastiques" con calma. Quiero que saques una conclusión real, ¿crees que tienes una creencia limitante o no con el dinero?

Respuesta: _____

Ok, si has respondido que SÍ, ¡enhorabuena! ¡Hemos hecho consciente nuestro subconsciente!

Fase 2. Identifica tus verdaderas creencias respecto al dinero en tu subconsciente

(Mismo procedimiento que en Volathium-amor y Volathium-salud)

El siguiente paso es averiguar en tu subconsciente cuál es tu creencia o creencias limitantes sobre el dinero, para ello debemos entrar en fase alfa mediante la técnica regresiva del 3 al 1.

1.- Ponte cómodo, desconecta el teléfono de posibles llamadas, y prepárate para realizar una inducción con la técnica del 3 al 1.

2.- Cierra los ojos y haz una respiración profunda mediante la técnica respiratoria 3-9-6 (inspira 3 segundos, aguanta 9 segundos y exhala 6 segundos).

3.- Comenzamos con la cuenta del 3 al 1: Piensa en el número 3, 3 veces, en el 2, 3 veces, en el 1, 3 veces, ya estarás en la profundidad alfa.

4.- Comenzarás a visualizar tu cabeza empezando por la coronilla y luego, vas descendiendo poco a poco sintiendo el espacio oscuro que existe entre la cabeza y el respaldo de tu asiento. Concéntrate en el cuero cabelludo, posteriormente en la nariz, la garganta, el cuello, el pecho, tu abdomen, tu cadera, tus rodillas, y tus pies. Se trata de recorrer todo tu cuerpo desde la coronilla hasta los pies.

Una vez estés en tu estado alfa debes hacerle esta pregunta a tu subconsciente:

Subconsciente, por favor, muéstrame lo que frena la recepción de dinero en mi vida.

Ten un papel preparado y un bolígrafo para apuntar en este estado alfa y con los ojos cerrados la primera información que te venga a la cabeza. No la juzgues o cuestiones, escribe todo lo que aparezca.

Paso 1/B

Una vez tengas esta información debes OBSERVAR la sensación que esta emoción negativa te produce en el cuerpo. **¿Te sientes frustrado?, ¿te sientes desgraciado?, ¿te sientes deprimido?** Percibe si has cambiado tu respiración o cualquier signo físico. Solo observa lo que te ocurre si es que te sucede. algo…

Paso 1/C Admite la creencia limitante que hayas detectado

Este paso es relevante, admite que tienes tal creencia y quizás, incluso, puedas reconocer qué es lo que te ha llevado o te está llevando a tu situación actual. Esta confesión es entre TÚ y tu subconsciente por lo que nadie te va a juzgar ni castigar, tranquilo por eso.

Paso 1/D. Declara y admite en voz alta la emoción que te limita

Declara la emoción que te limita, declara tu creencia limitante en voz alta. Explicar la verdad sobre ti rompe los vínculos emocionales, acuerdos, recuerdos, dependencias, apegos y egocentrismos sobre tu creencia.

Paso 1/E. Entrégate: abandónate a un poder superior y deja que resuelva tus creencias limitantes

El mismo Einstein decía que ningún problema puede resolverse desde el mismo nivel mental que lo creó.

Ya tienes identificada tu creencia limitante con el dinero, ahora toca dejarte ayudar por el poder superior. Entrega tu creencia limitante de forma sincera, humilde, honesta, clara y apasionada.

Paso 3. IDENTIFICAR con mucha claridad lo que deseas, TUS METAS

Ya hemos explicado en multitud de ocasiones que el Universo escucha lo que nuestros pensamientos y emociones envían a través de las frecuencias vibratorias.

Lo más importante es tener claro lo que queremos y así pedir el deseo con claridad y determinación.

Igualmente, debemos siempre **pensar en lo que queremos y no en lo que no queremos** porque la energía se concentra en lo que nuestros pensamientos dominantes dirigen al Universo (el efecto observador).

Si estás pasando una crisis económica es normal que pienses en mensajes negativos con respecto al dinero, pero en este programa estamos intentando reprogramar tu situación y darle la vuelta, por lo que cada vez que tengas un pensamiento negativo, páralo y di en voz alta: "no lo acepto, la verdad es........", y concéntrate en el pensamiento positivo o de abundancia.

Ahora quiero que escribas en un papel tus metas principales en el tema económico. Te aviso, tan solo el 3% de las personas son capaces de hacer este ejercicio de manera correcta porque el subconsciente está más que acostumbrado a esas creencias limitantes que son las que afectan a tu vida.

Las metas deben ser claras, cuantificables y con un plan de acción específico. Tienen que ser tangibles, especifica con exactitud el dinero que quieres tener, por ejemplo, en un plazo de cinco años. Para ello recomiendo que veas con antelación en revistas, en YouTube, en Google, imágenes de tus sueños económicos con claridad.

Un ejemplo es ver el coche de tus sueños, la casa de tus sueños, todo lo material que quieras en tu vida, pero siempre debes involucrar a la acción de ayuda que harás en tu vida cuando seas abundante, es decir, necesito que tengas una meta social de ayuda a los demás.

Esto permite **a tu SAR estar activo** y empezar a dejar pasar información relevante a tu subconsciente, a través del sentido de la vista, de todo lo que deseas en el plano económico.

Tus metas tienen que ser deseadas desde el corazón, que puedas sentirlas para poder empezar a tener una acción y para crear la acción debes tener la intención asociada. Recuerda que el Universo conspira a tu favor siempre y cuando tú demuestres que haces acciones para alcanzar tus deseos. Sentado en el sofá no te va a funcionar, querido despertador almático.

Vamos a intentar tan solo con cinco renglones, tómate el tiempo que necesites.

Meta 1: _____

Meta 2: _____

Meta 3: _____

Meta 4: _____

Meta 5: _____

Paso 4. Comenzamos la reprogramación de tu CONSCIENTE antes que la del subconsciente

Este paso es necesario hacerlo así porque, aunque es cierto que el subconsciente es el que va a reprogramar la creencia, es más sencillo si tenemos el apoyo del consciente o cerebro analítico. Recuerda que en la ley del mentalismo hablamos del equilibrio ALMA-MENTE, es decir, el alma es la parte subconsciente y la mente, la parte consciente.

Para ello debemos APRENDER nuevas programaciones como hiciste cuando te aprendiste la tabla del 3 de multiplicar, ¿cómo lo hiciste? A base de repetir, repetir y repetir, pero en este caso debes ponerle emoción al decreto o decretos para que sea más creíble.

Mi recomendación es que hagas estas afirmaciones varias veces al día, nada más levantarte, en la ducha, en la caravana de tráfico, etc.

¿Recuerdas que en algunas ocasiones que has mentido en algo te has creído la mentira? Esto es porque la repetiste tantas veces que te la creíste.

Si a las afirmaciones puedes acompañarlas de SOBREACTUACIONES es decir, fingir tu mentira para que se haga realidad, el resultado será más estable.

Si una de las afirmaciones por ejemplo es "YO conduzco un Porsche panamera", pues finge cuando conduces tu coche que es un Porsche panamera, imagina que el volante tiene el logo de la marca y juega a fingir que tu coche es ¡un Porsche panamera!

Te confieso algo, sabes porque ya te lo dije anteriormente, que uno de mis coches es un fantástico Smart Fortwo del año 2003 y para mí, cada vez que me siento a conducirlo es mi Porsche panamera. Le he cambiado el colector de escape para que suene como un verdadero ¡Porsche Panamera! Jajajajaja, miente, miente y cree tu propia mentira.

Tony Robbins siempre ha comentado que cuando estaba en proceso de creación de su fortuna, él iba corriendo por la playa decretando en voz alta: *"Veo venir 100 000 000 de dólares a mí"* y así lo hacía una y otra vez.

Como ejemplo de declaraciones, te adjunto las que a mí siempre me han funcionado.

1.- Yo soy un imán para el dinero, el dinero fluye a mí en avalanchas de abundancia.

2.- YO amo al dinero.

3.-Siempre tengo ideas para generar dinero.

4.- Estoy recibiendo dinero ahora mismo.

5.-Siento abundancia en todos los aspectos de mi vida.

6.- Tengo más que suficiente dinero.

7.-La riqueza fluye hacia mí en todas las áreas de mi vida.

En las declaraciones debemos tener cuidado que no nos genere un bloqueo nuestro propio SAR porque no se crea lo que decretas. Ojo con este tema, si estás a cero en la cuenta **no puedes decretar** "yo tengo cien millones de euros hoy en mi cuenta" porque tu SAR no va a permitir entrar esta información al subconsciente o consciente, porque no es creíble.

Mi recomendación es que vayamos poco a poco, los siete decretos anteriores no ponen en riesgo a la credibilidad, pero te recomiendo que uses frases como:

"Yo estoy en proceso de recibir xxxxxx euros en este mes".

"Voy camino de conseguir......".

"Me merezco ser abundante en el plano económico".

"Me merezco poder ayudar a los demás".

Paso 5. Creación de la vibración del deseo

La creación de la vibración del deseo es sencilla en esta área maestra. Finge ser una persona abundante económicamente. Actúa de antena receptora y acude donde se encuentra la gente más rica de tu ciudad para que tu consciente asocie imágenes a algo ya vivido con anterioridad. Si quieres una determinada casa ve donde quieres vivir, da un paseo, hazte una foto, disfruta de su frecuencia vibratoria.

¿Recuerdas cuando estuvimos hablando de crear una huella electromagnética?, así haremos que la realidad que queremos materializar coincida con la que existe en el campo como una posibilidad electromagnética.

En cuanto coincide quienes estamos siendo (lo que estamos transmitiendo) con la posibilidad electromagnética en el campo cuántico, esta realidad potencial nos atraerá o nos encontrará a nosotros.

Si quieres un determinado modelo de vehículo acude al concesionario más cercano y pregunta por él, intenta probarlo. Si te da apuro entrar en el concesionario, quédate en la puerta y vibra en la misma frecuencia que vibrarías al ir a recogerlo. Siente que esa misma tarde vas a sacar tu reluciente vehículo del concesionario, **¡por fin ha llegado tu momento!**

La creación de la vibración del deseo es una parte fundamental para que tu mente consciente esté más receptiva para permitir generar una mejor visualización o reprogramación. Tu SAR o portero de discoteca debe empezar a dejar pasar a tu subconsciente información basada en el dinero y que mejor que antes de reprogramar el subconsciente en el siguiente paso, podamos ir preparando el camino haciendo lo que yo llamo "visitas de ricos" a los sitios y lugares que emitan la frecuencia de tu deseo.

Paso 6. Nueva programación 5ªdimensión

En definitiva, siempre aplicaremos la misma fórmula de programación y es: "acudir" a nuestra quinta dimensión (la dimensión de las opciones infinitas), elegir una nueva "vida basada en la abundancia económica", sentirla como si ya la tuviéramos y confiar con FE que el Universo con el tiempo nos la otorgará. Como siempre se trata de instalar el nuevo *software* en nuestra quinta dimensión para que por ley de correspondencia (como es arriba es abajo), bajemos a la 4ª dimensión y posteriormente, a la 3ª dimensión o plano físico o material.

Recuerda la teoría del espejo dual de mi maestro Lain García Calvo: en un lado está la imagen y en el otro, el reflejo. Lo que tienes que hacer es irte al otro lado del espejo, a la imagen, no al reflejo y esto solo se consigue reprogramando tus creencias limitantes con el dinero.

Para entrar en nuestra 5ª dimensión debemos encontrarnos en ondas cerebrales alfa o theta que son las ondas de la creatividad y creación.

Tendremos que acceder a nuestro estado alfa como es habitual:

1.- Ponte cómodo, desconecta el teléfono de posibles llamadas, y prepárate para realizar una inducción con la técnica del 3 al 1.

2.- Cierra los ojos y haz una respiración profunda mediante la técnica respiratoria 3-9-6 (inspira 3 segundos, aguanta 9 segundos y exhala 6 segundos).

3.- Comenzamos con la cuenta del 3 al 1: Piensa en el número 3, 3 veces, en el 2, 3 veces, en el 1, 3 veces, ya estarás en la profundidad alfa.

4.- Comenzarás a visualizar tu cabeza empezando por la coronilla y luego, vas descendiendo poco a poco sintiendo el espacio oscuro que existe entre la cabeza y el respaldo de tu asiento. Concéntrate en el cuero cabelludo, posteriormente en la nariz, la garganta, el cuello, el pecho, tu abdomen, tu cadera, tus rodillas, y tus pies. Se trata de recorrer todo tu cuerpo desde la coronilla hasta los pies.

5.- Comienza a visualizar la vida que quieres en tu futuro o tus metas indicadas anteriormente de manera completamente específica como si fuera tu presente y realiza la técnica del recuerdo de haberlo conseguido que hablamos en la parte de la ley del mentalismo. Recuerda, SIENTE, SIENTE Y SIENTE tu presente deseado y recuerda cuando lo conseguiste.

Un truco que nos recomienda siempre Lain en este paso es el ANCLAJE OLFATIVO y es muy, muy potente. El sentido olfativo es el único de los sentidos que pasa directo al subconsciente sin el filtro del SAR. En este punto es muy positivo que tomes un billete de dinero y que cuando visualices tu nueva realidad económica huelas el olor típico del dinero, de tal manera que en tu subconsciente quede grabado ese olor del dinero.

Otro truco que se hace con el anclaje es que mientras visualizas huele tu colonia o perfume, de forma que cuando acabes de visualizar y te perfumes llevarás contigo el olor de la visualización todo el día.

6.- Una vez que acabes de visualizar **SIEMPRE AGRADECE porque el Universo te ha concedido tu deseo.**

Recuerda que el proceso de la ley de la gestación requiere tiempo y persistencia, no abandones nunca y ten mucha FE porque los que tengan fe alcanzarán su deseo.

7.- Déjalo ir.

Importantísimo: ya hiciste tu pedido, ahora debes dejarlo ir para que no generes potenciales excesivos. Cuenta con ello ya que el Universo siempre está a tu favor, no lo olvides nunca.

Paso 7. Modela al mejor y pon tu esencia

Muy importante este punto, estimado despertador almático. Debemos copiar al mejor de cada una de las tres áreas maestras. En este caso copia y modela al personaje más exitoso del planeta.

Estudia sus pasos, su corporalidad, su esencia, lo mucho que entrega a los demás, lo mucho que los demás lo quieren y añade tu "truco" personal. Esto es lo que denominamos modelar al campeón, puesto que, si los demás pueden, te aseguro que tú también puedes.

Paso 8. Corporalidad y esencia del deseo ya cumplido

Finge que ya tienes tus metas alcanzadas. Si es una gran abundancia económica, finge ser rico y millonario. Acude a sitios de gente muy rica de tu ciudad y tómate un café con leche. En el momento que puedas, cómprate un buen coche para sentirte rico con el deportivo o coche que más querías en tus sueños. Después de una jornada dura, entras en tu flamante coche, y sientes el cuero en el asiento, en el volante, creando una vibración de abundancia que regresará a ti, sin lugar a dudas, con el deseo ya cumplido.

Paso 9. Acción masiva

Ya te lo he avisado en varias ocasiones, estimado lector. Necesito que actúes. Si no mueves la energía del deseo, te aseguro que es posible que nunca lo consigas.

No podrás ser abundante económicamente si trabajas para otro que es el que se hace millonario gracias a ti. Para ser millonario tienes que tener tu propio negocio o negocios y enfocar toda tu energía en sacarlo adelante.

El Universo te dará lo que tú le has dado y sobre todo si además has conseguido ayudar a alguien en tu vida.

CAPÍTULO SIETE

TRUCOS, TRUQUITOS Y TRUQUETES

DE TU NUEVA REALIDAD

Estimado lector, ya estamos acabando este magnífico manual de vida y estoy muy satisfecho porque juntos lo hemos logrado.

Para finalizar, quiero transmitirte una serie de conceptos que al igual que a mí, a ti te pueden ayudar en vencer tu realidad; estos conceptos se van a especificar en este capítulo que he denominado *Trucos, truquitos y truquetes de tu nueva realidad*, espero que te sirvan de ayuda.

Truco 1: Cómo atraer lo que deseo

Resumiendo todo lo que hemos visto anteriormente, te voy a detallar los "mínimos" necesarios para atraer tu deseo.

Lo primero es que necesitas tener unas metas claras. Recuerda lo que comentamos en capítulos anteriores, solo el 3% de las personas tienen metas claras en las tres áreas maestras. Para ello, te recuerdo que lo principal es escribir con claridad lo que quieres en tu vida (tu deseo).

Las metas tienen que leerse varias veces al día para que acostumbremos a tu portero de discoteca o SAR a filtrar del exterior todo lo que vaya relacionado con esa meta. De alguna manera, cuando tu subconsciente esté cómodo con la orden de búsqueda de lo que deseas, entonces, dará instrucciones a tu SAR o portero de discoteca para "fijarse" en lo que relacione a tu deseo.

Por ejemplo: si quieres éxito en tu vida debes saber que el éxito no es tangible, por eso debes escribir las metas claras.

Lo segundo es visualizar. La visualización como dijimos es un proceso necesario para crear tu deseo siempre bajo el sentimiento. Muchas personas tienen dificultad en visualizar, por eso el truco siempre es imaginarse escenas habituales de tu vida como: entrando en el hall de tu casa. Imagina o recuerda los muebles, las sillas, el olor de la casa, etc., en definitiva, eso es visualizar.

Existe un truco que yo he utilizado y es mediante nuestro *lifebook,* pero un *lifebook* mucho más resumido que el que hicimos en capítulos anteriores.

Consigue una foto de cada una de las cosas que deseas y monta en tu teléfono una presentación como si fuera una película con cada uno de los deseos.

Haz un pequeño vídeo con las fotos de lo que quieres para así poderla visualizar. Entre cada imagen debe existir una demora de medio minuto mínimo, para que dé tiempo a generar un sentimiento cuando las veas.

Si uno de tus deseos es la compra de un determinado coche, en ese vídeo que aparece el coche, imagina que estás montándote en él, lo arrancas, pones la mano en el volante, sientes el cuero, el techo solar, etc. De lo que se trata es *de sentir tu deseo ya cumplido.*

Debes **sentir en el aquí y en el ahora** la escena de la película creada.

El tercer paso es siempre agradecer. El agradecimiento es la llave maestra del Universo. Cuando una persona agradece sin tenerlo aún, se genera tal grado de confianza y de FE que la vibración emitida es muy potente. Si tú das las gracias antes de tener tu deseo, estás sintiendo la vibración del agradecimiento que es la que se relaciona con la energía del amor.

El cuarto paso es que nunca lo cuentes. Esto es muy importante ya que no conocemos las reacciones energéticas que la gente pueda tener en referencia a tu deseo.

Cuando tu cuentas tu deseo no conoces realmente cuál es el sentimiento que esa persona tiene en referencia a lo que le estás contando, por lo que puede generar una sensación de rechazo o incluso de envidia; generando una vibración energética que puede afectar a la vibración del deseo.

No es bueno crear una posible "interferencia vibratoria" porque puede afectar enormemente a tu deseo.

El quinto paso es el momento del día en el que debes visualizar la película de tu deseo.

Un truco es visualizar tu deseo justo antes de dormir debido a que, como vimos anteriormente, lo último que ves, lees u observas segundos antes de dormirte va directo a tu subconsciente creativo. Por eso, repasa el vídeo de tu deseo justo antes de dormirte para que tu subconsciente trabaje mientras duermes.

Otro de los momentos que puedes utilizar para visualización creativa es justo cuando te acabas de despertar, es decir, en esos segundos que estás despertándote. Incluso, en muchas ocasiones puedes visualizar el día que vas a empezar con todos los éxitos que te propongas como si ya los hubieras conseguido.

Este truco es muy interesante y realmente funciona, por ejemplo, para conseguir aparcamiento. Como vimos en capítulos anteriores, ¡nunca falla!

El sexto paso es controlar a lo largo del día todos los pensamientos contrarios al deseo que estás creando. De nada sirve estar visualizando con éxito tu nuevo día o tu plan de vida (labor que te llevará en total veinte minutos máximo) y luego, durante el día admitir pensamientos contrarios.

Esto genera una interferencia energética que puede afectar la realización de tu deseo.

El séptimo paso es **siempre SENTIR el deseo ya cumplido**. En definitiva, sentir con emoción el deseo ya cumplido es la clave del éxito.

Estimado amigo, creo que la parte de la visualización la controlas ya a la perfección con todo lo que hemos trabajado en los capítulos anteriores y a lo largo de este último.

Truco 2: Cómo utilizar una técnica de liberación emocional

Las técnicas de liberación emocional **o EFT** permiten liberar experiencias negativas acumuladas durante años que provocan un bloqueo energético, impidiendo que la energía fluya por nuestro cuerpo.

El *tapping* proviene de la cultura oriental y tiene su origen en la acupuntura procedente de la medicina tradicional china, siendo reconocido en 1979 por la Organización Mundial de la Salud (OMS).

La premisa que sustenta el *tapping* es que todas las emociones negativas a las que nos enfrentamos, todos los problemas, ya sean a nivel físico, económico, emocional…, son causados por un desequilibrio en la energía de nuestro cuerpo.

Frente a ello, el objetivo del *tapping* es inhibir este desequilibrio a partir de golpes suaves en un conjunto de puntos clave de nuestro cuerpo.

El *tapping* básicamente consiste en hacer acupuntura con los dedos. La técnica se utiliza de la siguiente manera:

Tapping: puntos

La secuencia del *tapping* (darse golpes suaves) que debe seguirse coincide con los puntos finales de los principales puntos energéticos de nuestro cuerpo, conocidos como meridianos en la acupuntura tradicional. Los puntos del *tapping* son los siguientes:

- ➢ Preparación: en el lateral de la mano, entre la muñeca y la base del dedo meñique.

- ➢ La parte superior de la cabeza.

- ➢ En el inicio de la ceja, por la parte interior, al lado de la nariz.

- ➢ En el lateral externo del ojo, sobre el hueso.

> ➢ Sobre el hueso que hay debajo del ojo, debajo de la pupila.

> ➢ Entre la nariz y el labio superior.

> ➢ Entre el labio inferior y la barbilla.

> ➢ En la clavícula, donde se encuentra con el esternón y la primera costilla.

> ➢ Al lado del cuerpo, por debajo las axilas, a la altura del pecho.

Evidentemente, la realización de esta técnica se recomienda hacerla bajo instrucciones de un facultativo o de un personal entrenado para que sea cien por cien exitosa.

Truco 3: Nunca utilices estas palabras en tu vida

Recuerda que el lenguaje es el sentimiento hablado y el lenguaje hablado tiene mucha más importancia de la que crees. Cuando hablas emites una vibración que llega a todo tu cuerpo, haz la prueba.

Coloca tu mano sobre tu pecho y canta en voz alta la palabra "ammmmmm", mira y siente como tu pecho vibra. ¿Lo has sentido?

Te voy a nombrar palabras o frases que debemos evitar a toda costa.

1.- La primera es **"no es mi culpa"**.

Querido y estimado amigo mío, ya lo hemos hablado en muchas ocasiones, TÚ eres responsable de todo lo que sucede en tu vida porque para eso tienes el libre albedrío.

2.- La segunda es "**yo soy así**".

Si tu vida es un ejemplo para todos y para los demás sí puedes permitirte decir "yo soy así" con total humildad y decisión, pero si tu vida no es la que quieres tener y de alguna manera, te "justificas" con esa frase, estaremos bajo la influencia del ego y te aseguro que no es bueno. Esta frase te limita cualquier tipo de evolución en tu vida.

3.- La tercera es **"lo intentaré"**.

Cuando aplicas esta frase en tu vida, es realmente la mejor excusa que puedes decretar porque "lo intentaré" es siempre sinónimo de no hacer lo que quieres intentar.

4.- La cuarta es **"yo no valgo para nada"**.

Debes pensar que cuando tú hablas estás generando un decreto en toda regla. Solo tienes que escuchar a la gente que habla para identificar patrones de conducta negativos o que te autoboicotean como es el caso de esta tan temible frase. **"Yo no valgo para nada"** es una frase que genera un decreto en toda regla y realmente "no valdrás para nada" si te lo repites varias veces porque cuando tu testificas de esa manera ante tu SER, lo haces con dolor emocional, ya que es un mensaje realmente negativo.

Recuerda cómo se forma una creencia: "alto impacto emocional + repetición", lo que crea una idea grabada en tu subconsciente.

5.- La quinta es **"YO NO PUEDO HACERLO"**.

Esta la pongo en mayúscula porque es muy habitual escucharla a menudo. Si tú decretas "YO NO PUEDO HACERLO" estarás realmente cumpliendo la frase favorita que tu cerebro reptiliano tiene para ti para crearte MIEDO.

Si tu propia mente te convence que no puedes hacerlo ya no tendrás que esforzarte ni gastar energía para intentarlo, ¿lo ves, estimado amigo?, ¿te das cuenta cómo las palabras son más graves de lo que parecen?

Aprendí de Tony Robbins que cuando una persona tiene una negación como la que acabamos de hablar es mucho mejor cambiar la frase y "darle la vuelta", por ejemplo "yo no puedo hacer este negocio **porque me falta dinero**", pues ahora dale la vuelta **"porque me falta dinero**, tengo que hacer este negocio", ¿te das cuenta?

Quiero que observes las frases y palabras que construyes a lo largo de tu día a día que pueden ser demasiado peligrosas para tu crecimiento y para crear una realidad ficticia de tus posibilidades infinitas.

Truco 4: Vive el aquí y el ahora de las pequeñas cosas

Este truco estoy convencido que puede ayudarte mucho. Como bien hemos dicho a lo largo de este manual, nuestra vida marcha en piloto automático en el 95% de las decisiones que tomamos y sinceramente, este "detalle" causa un grave problema que el de no disfrutar de los pequeños detalles del día a día.

¿Has observado alguna vez la textura o el diseño del bolígrafo con el que escribes a diario?, ¿has observado el árbol que tienes en frente de ti y que tantos años llevas "viéndolo" sin verlo? Estos son ejemplos de la multitud de posibilidades que nos perdemos en el 95% de las veces.

Por mi trabajo viajo una media de cuatro horas diarias y lo que más me ha llamado siempre la atención es la cantidad de información que dejamos de "sentir" en un trayecto habitual.

Tú como yo podemos estar en una caravana todos los días de nuestra vida y pasar siempre por delante de las mismas casas y no darnos cuenta en varios años ignorando cada día la estructura o diseño arquitectónico de la misma.

Te invito que a partir de ahora hagas más "real" todo lo que te rodea y te darás cuenta del magnífico universo que te estás perdiendo.

Truco 5: Contémplate a diario como un observador

La mejor banda sonora que puedes escuchar es a su vez la más peligrosa: **tu mente.**

La mente te manda miles de pensamientos a lo largo de un día, concretamente una media de 60 000 pensamientos que son el 80% negativos. ¿Te parece una barbaridad, verdad? Pues así es...

De algún modo, necesitamos librarnos de nuestra mente, necesitamos librarnos de esa orquesta sinfónica que toca la mejor obra destructiva de tu historia.

La buena noticia es que te puedes liberar de tu mente empezando por escuchar, tan frecuentemente como puedas, la voz que habla dentro de tu cabeza.

Cuando tengas un patrón repetitivo negativo (esos que te comen la cabeza) presta mucha atención a su contenido, escucha a esa voz, pero NO LA JUZGUES, tan solo limítate a escucharla imparcialmente.

Al hacer "consciente tu inconsciente" ese pensamiento negativo "se diluye" porque los "nutrientes" que lo alimentan es la NO ATENCIÓN CONSCIENTE, en consecuencia, en el momento en el que TÚ atención lo hace consciente, automáticamente pierde toda la fuerza.

Truco 6: La realidad del pasado y el futuro

El pasado NO existe ya, estimado amigo mío, el futuro es una ilusión de tu pasado y tampoco existe. Lo único que existe es tu presente, este mismo segundo, este instante.

La realidad es que cada segundo que vivimos ya no lo vamos a volver a tener, puede ser un segundo de vida perdido o un segundo de vida invertido.

Este concepto me provoca nostalgia porque nos dedicamos a perder tanto tiempo… Es un tiempo que no vamos a recuperar jamás y según sea nuestra experiencia en ese precioso tiempo, condicionaremos nuestro presente.

Cuando nos centramos en demasiados problemas de nuestra vida cotidiana, nuestra energía no fluye y se queda "atrapada" en el "programa" más negativo o denso alimentándose cada vez más de nuestro propio ego.

Si, la vibración energética predominante es de ira y odio hacia tu expareja, esta energía es tan densa y pesada que no podrá fluir quedándose atrapada. Cuando tú realizas el efecto de observar el problema, en realidad lo que estás haciendo es enfocar una nueva energía en el problema y al ser nueva es como si la diluyeras, por decirlo de alguna manera.

Enfoca tu atención en lo que sientes dentro de ti. Debes identificar ese "murmureo negativo" y acepta que está ahí. No pienses en él, recuerda que a lo que prestas atención se expande, no lo juzgues ni analices, tan solo haz consciente tu inconsciente y verás lo que sucede en tu vida.

Truco 7: Conecta con tu verdadera realidad

Tal y como hemos explicado a lo largo de este manual, tu verdadera realidad NO se encuentra en esta tercera dimensión sino en la quinta dimensión, en la dimensión de las posibilidades infinitas. Tu vida en este plano físico es el reflejo de lo que te está sucediendo en el plano metafísico.

Tú ya estás entrenado para saber lo que el 97% de las personas no saben y esto es: conectar con tu verdadera realidad SIEMPRE. Cada vez que puedas accede a tu verdadera realidad a través de la meditación y de la visualización creativa.

Truco 8: No le pidas peras al olmo

Esta frase siempre la utilizaba mi padre, que en paz descanse, y sinceramente describe a la perfección la realidad de esta vida: **"No pidas peras al olmo"** significa muchas cosas, pero en este particular mensaje significa "no le pidas a los demás lo que esperes de ellos", es decir, no esperes que los demás se porten como tu esperas que lo hagan. Este mensaje evitará muchos problemas para ti, estimado amigo.

Cada uno debe actuar bajo el libre albedrío y TÚ no debes ni puedes exigir que responda como tú quieres que lo haga.

Truco 9: SÉ ANTE TODO BUENA PERSONA

Estimado amigo mío, concluyo esta parte con el mensaje más importante de los que puedo transmitirte en este libro y es que ante todo debes ser la mejor persona que pueda existir en la Tierra.

La diferencia entre TÚ y los demás seres de este planeta es que tu alma tiene que ser única, sé un alma tan pura que no pueda ni describirse.

Trata a los demás como hermanos que son, trata con la comprensión máxima a tus relaciones, con respeto y mucho amor.

Estimado amigo, la gente no te va a recordar por el dinero ni las propiedades que tengas, la gente te va a recordar por lo buena persona que eras.

Cuando una persona fallece, quiero que pienses en el funeral. ¿Has presenciado alguna vez un funeral repleto de personas que velan por el fallecido?, esto es el símbolo de la máxima dignidad de una persona, fallecer y que estén en tu funeral todos a los que has ayudado.

Sinceramente, la vida es más la sencilla de lo que la hacemos nosotros, yo solo quiero ayudar a los demás, quiero despertar su alma para que puedan ser felices, quiero que todos juntos cambiemos el mundo, quiero que salgamos de todo este sistema de manipulación al que estamos sometidos y quiero que me ayudes a conseguirlo.

Quiero morirme dejando una inmensa huella en este planeta, dejando un legado por el que me recordarán siempre. Yo sé que mi legado serán las enseñanzas que difundo a través de mis libros, de mis charlas y de mi presencia.

Espero puedas recordarme como una persona que pretende ayudarte en tu evolución.

Truco 10: Debes desaprender lo que has aprendido

No me refiero a todo lo que has aprendido en este manual de vida, ¡faltaría más!, sino de todo lo que tenías aprendido antes. Tus creencias limitantes, tu vieja realidad, tu realidad basada en el trance hipnótico… En definitiva, todo lo que no te permitía evolucionar en tu desarrollo espiritual. Tienes que desaprender para volver a aprender, solo de esa forma podrás evolucionar.

Truco 11: La ley del conformismo, no seas mediocre

En este libro hemos aprendido las leyes universales pero la única de las leyes que te pido no practiques nunca es la ley del conformismo (inventada por mí). Esta ley dictamina que el conformismo es la llave a la mediocridad. Una persona conforme es una persona que no tiene ganas de crecer en su evolución ni de tampoco ser diferente al resto de las personas. Su mediocridad es su premisa y pertenece al equipo o grupo de los mediocres (el 97%) de las personas. Por favor, no pongas nunca en práctica esta ley tan poco acertada.

Truco 12: Mañana volverá a amanecer y quién sabe lo que traerá la marea

Lo que sí tenemos que tener claro es que ya mañana para ti es un día diferente. La marea de tu vida lleva una determinada dirección, pero una vez que has vencido a tu realidad, cambiará de dirección y dominancia.

Cada día que vives en este plano es un día en el que te esperan nuevos retos, nuevos aprendizajes y nuevos objetivos de vida. Cierto es que mañana volverá a amanecer y tú tendrás nuevos conocimientos adquiridos que te permitirán indudablemente cambiar la marea de tu vida y la de tus allegados.

Truco 13: La magia de tu vida eres TÚ

No lo olvides nunca, estimado lector, TU vida eres TÚ puedes tener la mejor relación del mundo, puedes volcarte en tu pareja día a día, hacerla feliz tal y como lo vimos en capítulos anteriores, pero siempre, repito, siempre, debes permanecer bajo el "hechizo" de tu magia interior.

Truco 14: La preocupación es la hija del miedo

La preocupación es la hija del miedo y es la culpable de los movimientos mediocres que realizamos en nuestra vida, simplemente por miedo.

Realmente estamos preocupados en la mayoría de nuestro tiempo, pero quiero recordarte algo que hemos nombrado en líneas anteriores:

Cada segundo que pasa en esta vida es un segundo menos de vida que tenemos, por lo que, si nos pasamos todo el tiempo preocupándonos por algo que no ha sucedido aún, estaremos perdiendo nuestra vida más preciada. Un dato a recordar es que solo **el 20% de las situaciones que nos preocupan suceden, lo que significa que el otro 80% nos lo podríamos ahorrar.** Cuando estás preocupado no solo te preocupas TÚ sino que quienes te rodean también, por la ley de la vibración sienten exactamente este sentimiento.

Truco 14: El maestro NO acude al alumno

Notarás con la evolución de tu vida y con tu nueva realidad un deseo de ayudar a los demás en su evolución, pero ya te aviso que en multitud de ocasiones cuando hables de estos temas, la gran mayoría pensará que estás "chalado" y solo unos pocos querrán escucharte (el 3%). Cuando ellos estén preparados deberán acudir a ti y no tú a ellos. Tú eres el maestro y ellos son los alumnos, no lo olvides.

Truco 15: Por favor, no critiques a los demás

Este punto es muy importante porque ya se comentó en la ley del mentalismo y en varias de las demás leyes universales expuestas con anterioridad. No debes criticar nunca a los demás, por favor, aprende esto. Tú ya has vencido a tu realidad, estás en otro nivel y no es justo por ti, ni por los demás que te "rebajes" a umbrales del cotilleo, crítica o "comentarios de pasillo". Lo que sale de la boca, proviene del corazón, no lo olvides tampoco.

Truco 16: Aprende a escuchar a los demás

Aprende a escuchar a los demás, por favor, aprende a escuchar activamente a los demás. En el libro 2, *Despertando tu alma*, te detallo los principios básicos para aprender a escuchar a los demás de manera activa. Cuando escuches a los demás notarás que la gente te lo agradecerá.

Truco 17: Saluda siempre al personal

Estimado lector, nosotros ya estamos en otro nivel y debemos comportarnos con la elegancia que nos merecemos y que se merecen todas las personas con las que compartimos nuestra vida.

Recuerda la ley de causa-efecto, lo que DAS, RECIBIRÁS y verás que sensación tan bonita sentirás cuando seas el único que saluda al guardia de seguridad de un centro comercial cuando pases cerca de él y realmente nadie lo saluda. Observa la cara que pone cuando lo hagas, eso es hacer felices a las personas.

Igualmente, por favor, trata con máximo respeto al personal de limpieza que te encuentres en cualquier sitio porque velan para tu bienestar y nadie los saluda. A mí lo que hagan los demás me da igual porque lo que me interesa es lo que tú y yo hagamos ya que nosotros estamos en un plano superior al resto (97%).

Con el personal de la hostelería lo mismo, por favor, trátalos con el cariño que se merecen porque te sorprenderá lo poco atenta que es la gente con ellos.

Es posible que muchas de las ocasiones cuando saludes a estos colectivos, ellos no te respondan, pero básicamente porque no están acostumbrados a que la gente lo haga, por lo que su SAR no tiene activada la función de la escucha del "saludo".

Hagamos con nuestro granito de arena un cambio en la conducta de los demás.

Otro de los escenarios que considero de tremenda educación y diferenciación es desear buen provecho a la gente que está comiendo cuando pasas cerca. Gracias a Dios esta práctica es más habitual que las anteriores en diversos colectivos de la sociedad.

Truco 18: Da las gracias con el corazón

Un agradecimiento sincero es como decir un "te quiero" cuando es bien merecido. Dar las gracias desde el corazón es lo que te va a diferenciar de los demás y te hará sentirte a ti y a la persona que las recibe una verdadera atención especial.

Pienso honestamente que las gracias es uno de los valores que debemos promulgar, puesto que el agradecimiento verdadero procede del alma. Gracias, estimado amigo mío, por permitirme a través de este manual de vida ayudarte en tu encuentro con tu verdadera realidad.

Truco 19: Sonríe a los demás

Este truco va muy de la mano del anterior. Qué bonito y precioso es sonreír a una persona o que te sonrían a ti. La sonrisa es la comunicación no verbal más hermosa que existe en el ser humano. Una persona que te sonríe es el bien más preciado que podemos tener con un desconocido o tal vez con la persona que más quieras de tu vida. No pierdas nunca la posibilidad de sonreír, ya verás lo feliz que harás a las personas que te rodean.

Truco 20: Guarda silencio en los momentos tormentosos

Un momento tormentoso lo tiene cualquiera, pero tanto si somos nosotros los protagonistas como si no debemos siempre guardar silencio. En un momento de tensión se dicen cosas que en muchas ocasiones causan mucho daño a los demás y ser parte activo de esta tormenta con seguridad nos mojará. Mi recomendación es sin duda alguna guardar silencio para evitar actuar de manera incorrecta y permanecer en la frecuencia de la superioridad y tranquilidad.

Truco 21: Enfoca la atención en tu propósito de vida

No pierdas el rumbo de tu vida pensando en las cosas malas y negativas sino en las cosas buenas o en tu propósito de vida. Como dice mi mentor Lain García Calvo "por muchos NO de mi pasado siempre hay un SÍ en el futuro". Tu atención debe estar enfocada en tu propósito de vida.

Truco 22: No te distancies tanto de tu corazón no sea que no conozcas el camino de vuelta

Ya lo hemos comentado en capítulos anteriores y en concreto en la parte del amor, pero puedes aplicarlo en el resto de escenarios. Tu corazón es el que debe gobernar tu vida (tu alma) y todo lo que lo aleje corre el riesgo de distanciarlo tanto que no encuentres el camino de regreso a "casa". Cuando notes que te estás desviando, es preferible parar y buscar el camino correcto de vuelta.

Esto lo puedes aplicar en todas las áreas de tu vida.

Truco 23: Acepta y deja fluir

Cuando tengas un problema debemos siempre aceptarlo para que de nuevo la energía pueda fluir. El resentimiento es uno de los enemigos de la prosperidad en tu vida porque no te permite fluir en la energía de la abundancia en todos los planos.

Truco 24: Llora al muerto de una relación

Si en alguna ocasión has sido protagonista de una ruptura amorosa habrás sentido que el dolor que produce es de extrema magnitud. Si has acabado una relación, debes pasar por todas las fases que conlleva la superación de la misma.

El dolor emocional puede ser incluso más devastador que el dolor físico, y algunos individuos quedan enganchados a la pareja igual que si fuese una droga. De hecho, el amor y la droga utilizan los mismos circuitos neuronales, por lo que los psicólogos recomiendan no tener contacto con la otra persona (al menos durante un tiempo) para evitar recaídas.

El tiempo se convierte en un gran aliado para el desamor.

Cuando dejamos de ver a la persona amada, los circuitos neuronales que están implicados en este fenómeno se debilitan, y los niveles de los neuroquímicos como la dopamina, serotonina, norepinefrina, entre otros, se estabilizan. Con el tiempo, el cuerpo se va a adaptando al cambio y es posible volver a la normalidad.

Dicho esto, hay personas que tienen serias dificultades para superar estas situaciones, pues distintos problemas (su baja autoestima, sus habilidades sociales pobres…) dificultan su recuperación.

En estos casos es necesario acudir a un psicólogo especializado en esta temática, y es importante evitar la administración de fármacos, pues es necesario adquirir creencias realistas sobre las relaciones de pareja, mejorar las habilidades de relación con los demás, o aprender a quererse a uno mismo.

Todos hemos pasado por las fases que voy a detallar a continuación y te puedo asegurar que de todo se sale (te lo digo por experiencia):

1. Fase de negación y aislamiento

Esta fase se caracteriza porque la persona niega la realidad y actúa como si todo continuara igual (los dos juntos). Es una etapa generalmente breve, que suele ocurrir como forma de protección, pues el impacto de la ruptura es tan grande que cuesta asimilarlo.

En esta etapa es importante que el individuo sea consciente de las emociones que siente y el motivo por el cual están ahí. Es necesario que vea la situación de la manera más objetiva para obtener más claridad.

2. Fase de ira

Esta fase se caracteriza porque la persona siente una rabia y una ira muy fuerte hacia la persona que lo ha dejado. Si en la fase anterior la persona no quería aceptar la realidad, ahora siente una tremenda frustración por lo que ha ocurrido y culpa a la otra persona de los males de la pareja. Entonces suele aparecer la venganza. En ocasiones, ocurre también que, ante esta situación, la rabia se dirija hacia uno mismo o las personas a su alrededor (e incluso hacia el mundo entero).

3. Fase de negociación

Esta fase puede ser realmente peligrosa si no se maneja bien, pues en un intento de aceptar la situación y acercarse a la otra persona de nuevo, se puede cometer el error de tratar de hacer cualquier cosa por recuperar la relación. Un mal acercamiento puede arruinar de nuevo la situación, e incluso empeorarla.

4. Fase de depresión

En esta etapa la persona pierde la esperanza de recuperar a esa persona que realmente ha amado. Comienza a ser objetivo y a darse cuenta de que no hay marcha atrás. Por lo que se siente realmente apenado ante la pérdida de quien fue tan especial para él o ella.

5. Fase de aceptación

Tras la tristeza de la fase anterior, la persona comienza a visualizar un nuevo futuro. Acepta que la relación se acabó y que lo que no pudo ser, no será. Ya no busca estar con la otra persona y se siente en paz y preparado para conocer a una nueva pareja.

Truco 25: Recuerda que todo lo que te sucede es una prueba de la que tienes algo que aprender

Recuerda este truco el resto de tu vida porque tan solo de esa manera podrás entender gran parte de tu realidad. Todo lo que nos sucede en la vida es una prueba con un aprendizaje encubierto.

Cuando tengamos un problema debemos realizar el efecto observador que contábamos anteriormente, pero añádele la acción de comprender el motivo de la prueba que la vida te ha puesto y por supuesto, de su aprendizaje.

Truco 26: Agradece tres veces

Siempre que agradezcas hazlo tres veces porque el número tres representa algo que se ve como un TODO, por ejemplo:

-El Universo tiene tres planos de manifestación: físico, mental y etérico.

-Un ser integral se compone de cuerpo, mente y espíritu.

-Las dimensiones del tiempo son tres: pasado, presente y futuro.

Truco 27: Ayúdame a conseguir que ocho mil personas cambiemos la conciencia del mundo entero

Greeg Braden es un reconocido y conocido científico que lleva años realizando estudios e investigaciones para unir ciencia con espiritualidad.

En el documental *La ciencia de los milagros*, Gregg habla sobre cómo los pensamientos, sentimientos y emociones crean nuestra realidad. Ya sabes que todos estos conceptos los hemos detallado con profundidad a lo largo de este manual de vida, pero quiero que conozcas un concepto que es de gran importancia: "si un número determinado de personas comenzara simultáneamente a emitir emociones de paz, alegría, paz y amor, estos sentimientos afectarían a toda la población de la Tierra creando un cambio en todo el planeta".

Greeg ideó una fórmula para conocer el número de personas necesarias y ese número es la raíz cuadrada del 1% del total de la comunidad. Estimado amigo mío, si quisiéramos realizar un cambio en la conciencia global del planeta, tendríamos que PROVOCAR QUE en el mundo actual de varios miles de millones de habitantes, aproximadamente, tan solo ocho mil personas vibraran al unísono en la frecuencia del amor, la alegría y la paz.

El estadio de futbol más grande del mundo (Estadio *Rungrado Primero de Mayo*, Corea del Norte) tiene una capacidad de ciento catorce mil personas.

El *WiZink Center* de Madrid tiene una máxima capacidad de 17 453 espectadores.

Imagina reunir a solo ocho mil personas en un evento en el que todos pudiéramos vibrar en la misma vibración, así podríamos cambiar el mundo.

Ayúdame a intentar alcanzar este sueño, sé que es posible hacerlo.

PRÓXIMOS PASOS

Querido lector, ya hemos alcanzado la primera parte de este fabuloso manual de vida, *Vence a tu realidad*, espero que te haya servido para entender el funcionamiento de TU vida y de tu realidad facilitándote las bases del éxito, utilizando todas las herramientas que te he enseñado en el manual.

¿Cuáles son los próximos pasos?

Lo primero que debes hacer es repasar este libro todas las veces que sean necesarias hasta que lo interiorices a la perfección. No sirve que pases al tomo 2 (*Despertando tu alma*) si no tienes claro el tomo 1.

Una vez que tengas claro el tomo 1, necesito que pases al tomo 2 porque entenderás cómo despertar tu alma y cómo despertar el alma de los demás, convirtiéndote en un despertador almático.

¿Te has preguntado por qué estás en esta vida? ¿Te has preguntado alguna vez si vivimos bajo los efectos de un programa ideado? ¿Quieres de una vez por todas conocer la verdad y vencer tu realidad despertando tu alma?

Hablaremos de almas, de reencarnación, de tu alma gemela, de la madurez de las almas, de lo que se siente al morir y dónde elegimos nuestras próximas vidas, de los

ECM y todo lo relacionado con tu contrato almático prenatal (el contrato que firmas al venir a esta vida reencarnado).

Una vez puedas despertar, tu misión será convertirte en un despertador almático para despertar a las demás almas que están dormidas...

Te espero en el TOMO 2, *DESPERTANDO TU ALMA.*

Me despido de ti, querido amigo mío, y quiero darte las gracias desde mi alma por ayudarme a ayudarte y hacer que este mundo al que hemos venido sea un mundo en el que dejemos huella. Recuerda: no nos recordarán por lo que hemos sido sino por lo que hemos hecho por los demás, no lo olvides NUNCA.

Te mando un abrazo enorme, te deseo todo el éxito del mundo y sobre todo quiero que sepas que estoy contigo para que juntos ayudemos a cambiar este mundo, unidos ayudemos a despertar a los demás como verdaderos despertadores almáticos.

Te paso mis datos de contacto para cualquier cuestión que tengas, estaré dispuesto siempre a ayudarte.

www.gustavocamañasgonzalez.com

GRACIAS, GRACIAS, GRACIAS.

MI MENTOR Y MAESTRO LAIN GARCÍA CALVO

Querido amigo mío, quisiera dedicar estas dos páginas a mi maestro y mentor, Lain García Calvo, al que le debo toda mi maestría y mi agradecimiento.

Adquirí un compromiso con él mediante el cual yo me educaba en una intensa formación llamada "TU PRIMER *BESTSELLER*", a cambio de promocionar su labor y trabajo en la última página de mis primeros libros. Como lo que DAS, RECIBES, evidentemente, en esta página estoy cumpliendo mi pacto y, además, con mucho gusto.

Quiero advertirte que mi propósito NO es otro que ayudar al mundo a vencer su realidad, a despertar su alma, y en este objetivo no existen competidores, sino "ayudadores" y por esa razón, quiero que compres los libros de Lain porque a mí me dieron todos los conocimientos y resultados que tengo ahora. Aquí no se trata de competir sino de ayudarnos.

Lain con sus almas imparables (su ecosistema de seguidores), YO con mis despertados almáticos (si no has comprado mi libro dos, *Despertando tu alma*, me gustaría que lo hicieses para poder completar tu formación, pero como esto se trata de leer, leer y leer, yo hoy te puedo ofrecer dos libros, Lain muchos más.

Te presento a Lain García Calvo:

Lain a través de LA VOZ DE TU ALMA y de todas sus sagas deja al lector adquirir unos conocimientos de las leyes universales que permitirán generar un antes y un después en tu vida, tal y como lo hizo en la mía.

Lain sube una gran cantidad de vídeos a canales como YouTube, Instagram o Facebook que te harán ampliar tus conocimientos y ponerlos en práctica.

Te dejo la *web* de Lain para que puedas visitarla:

https://laingarciacalvo.com/

"NO ESTAMOS DESTINADOS SINO PROGRAMADOS"

Lain García Calvo.

SECCIÓN DE NOTAS

Estimado amigo mío, quiero que en estas últimas páginas apuntes todas las notas, frases o cualquier dato que necesites recordar.

Milton Keynes UK
Ingram Content Group UK Ltd.
UKHW040857020124
435341UK00001B/52